マウマウの娘

あるケニア人女性の回想

ワンボイ・ワイヤキ・オティエノ 著
コーラ・アン・プレスリー 編集・序文
富永智津子 訳

未來社

MAU MAU'S DAUGHTER by Wambui Waiyaki Otieno

Japanese translation published by arrangement with Lynne Rienner Publishers, Inc.
through The English Agency (Japan) Ltd.

マウマウの娘

——あるケニア人女性の回想　目次

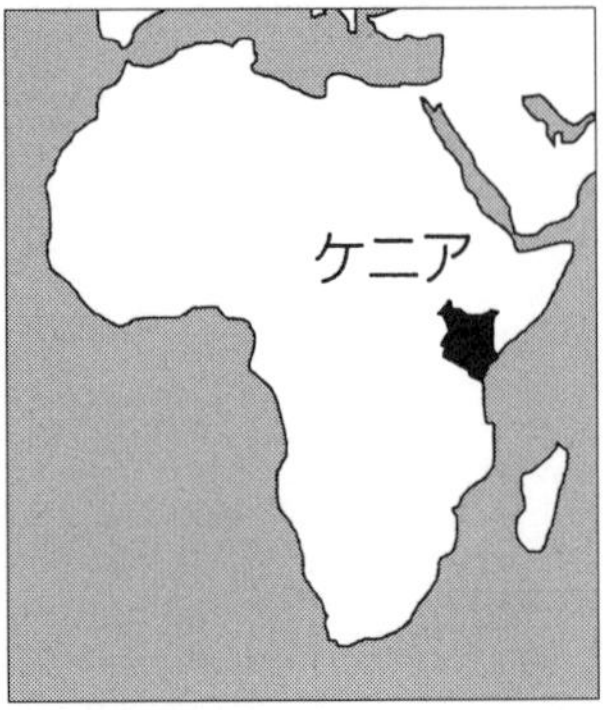

ケニア全図

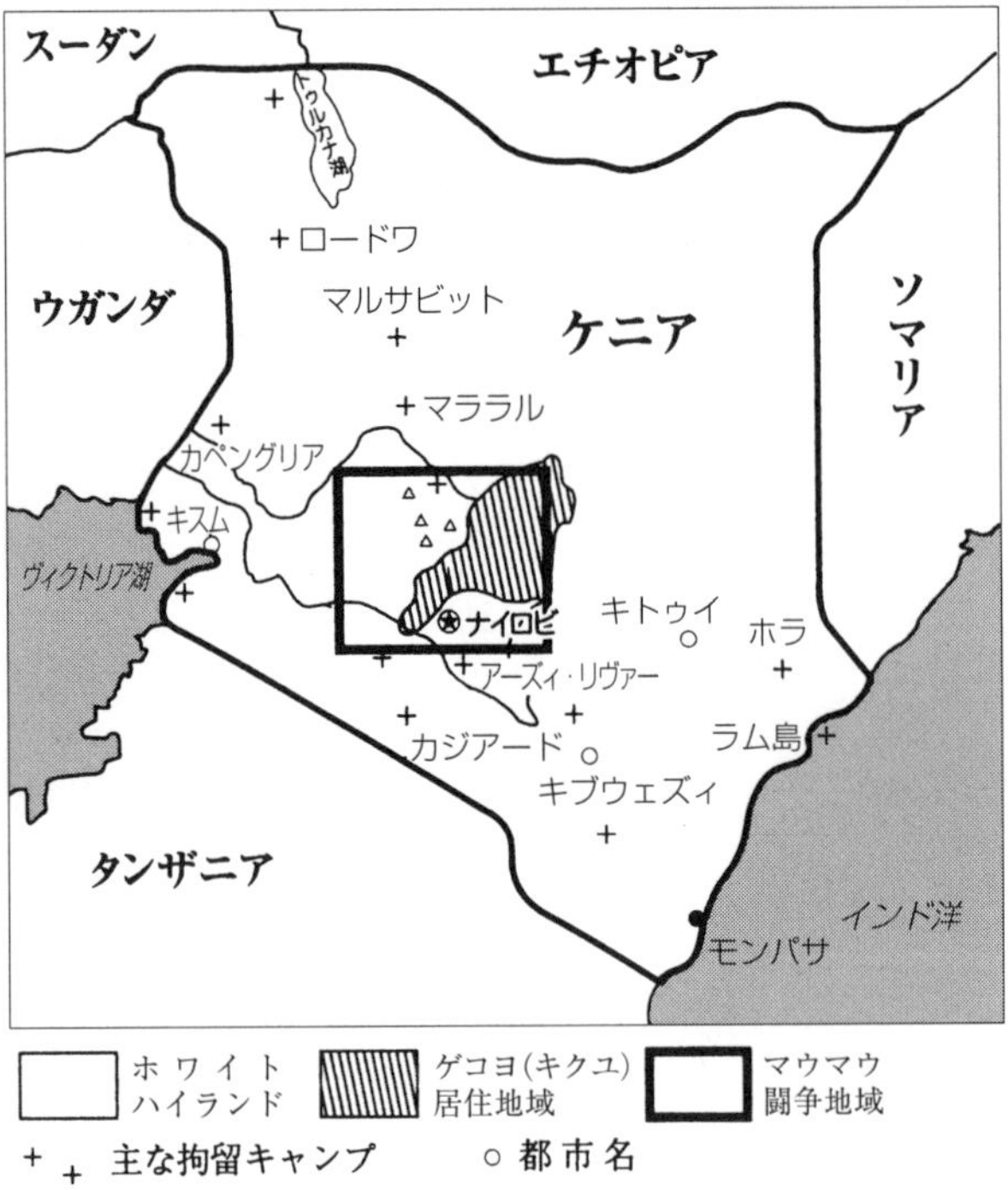

Low, D. A./Alison Smith (eds.) *History of East Africa*, vol. III, Clarendon Press, Oxford, 1976, p. 108 をもとに作成。

本書に登場する主な行政区と地名

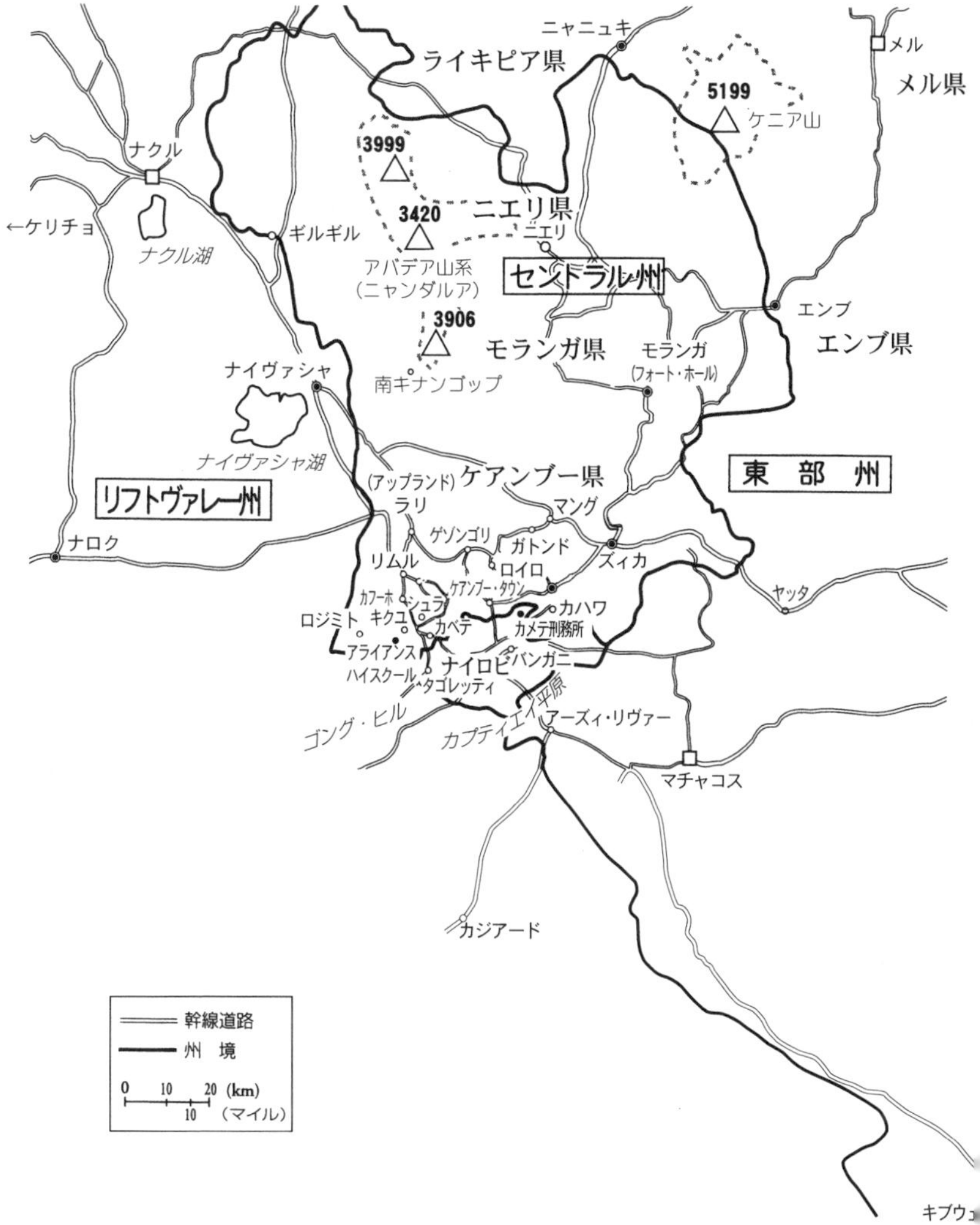

州（Province）・県（District）・郡（Division）・地区（Location）・村（Village）は，州弁務官（PC），県弁務官（DC），県長官（DO），首長（Chief），村長（Headman）がそれぞれ行政を担当していた。

）周辺の市街地

City of Nairobi (Survey of Kenya, Nairobi) 1978より作成。

ガラ・ロード
中央警察署
ナイロビ川
ナイロビ大学
ステイト・ハウス
ナイロビ市中心部
ウフルーパーク
セラシエ・アヴェニ
ハイレ・
ウフル・ハイウェイ
ナイロビ病院
ナイロビ・ヒル
遺体安置場
ウッドレー団地
ゴルフ場
キベラ団地
マダラカ団地
ナイロビ・ウェスト
ナイロビ・サ
ランガタ・ロード

独立前のナイロビ・シティ・センター

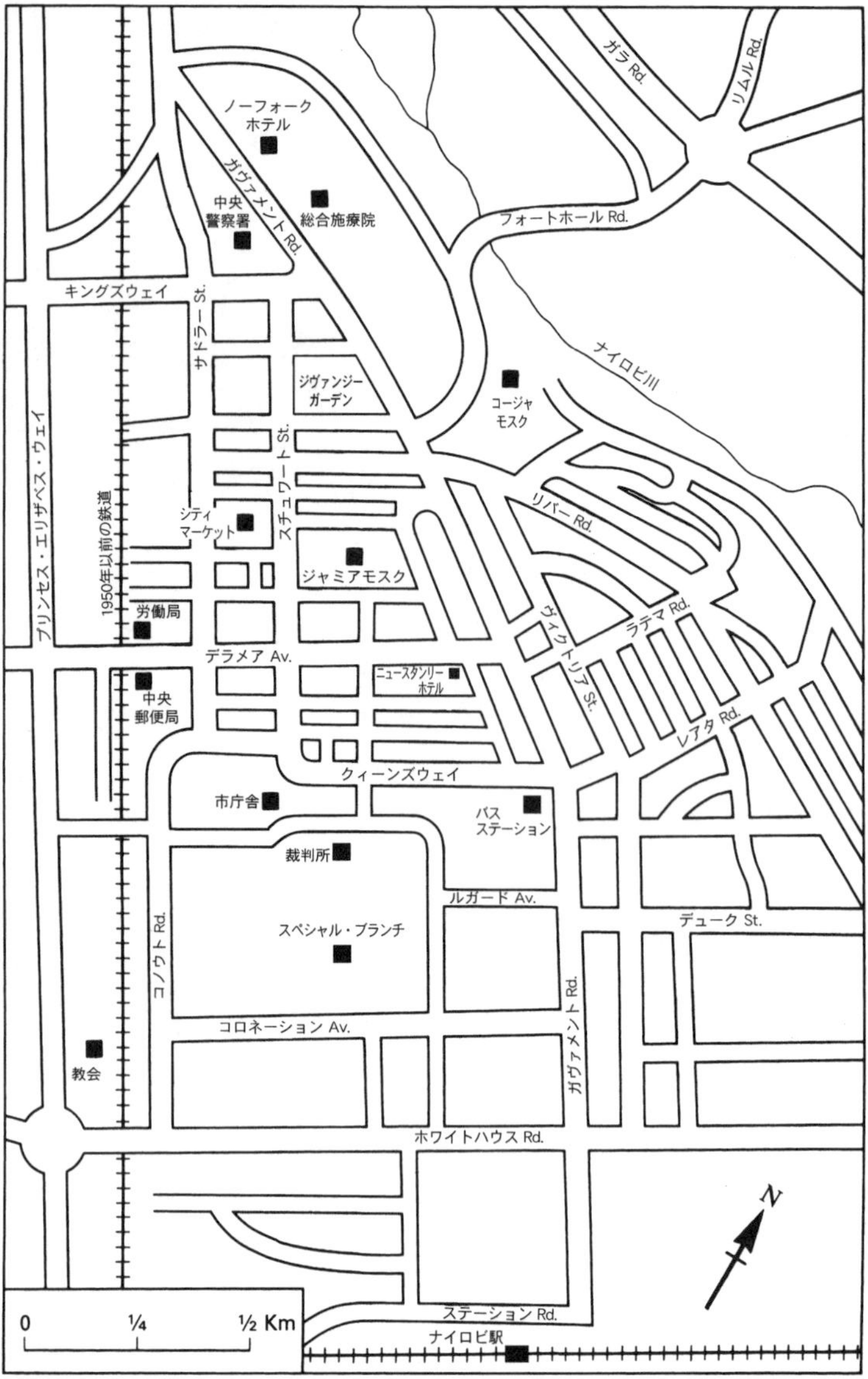

Kate Macintyre, *The Nairobi Guide* (Macinillan, Kenya) 1986, pp. 5, 58 より作成。

1980年代のナイロビ・シティ・センター

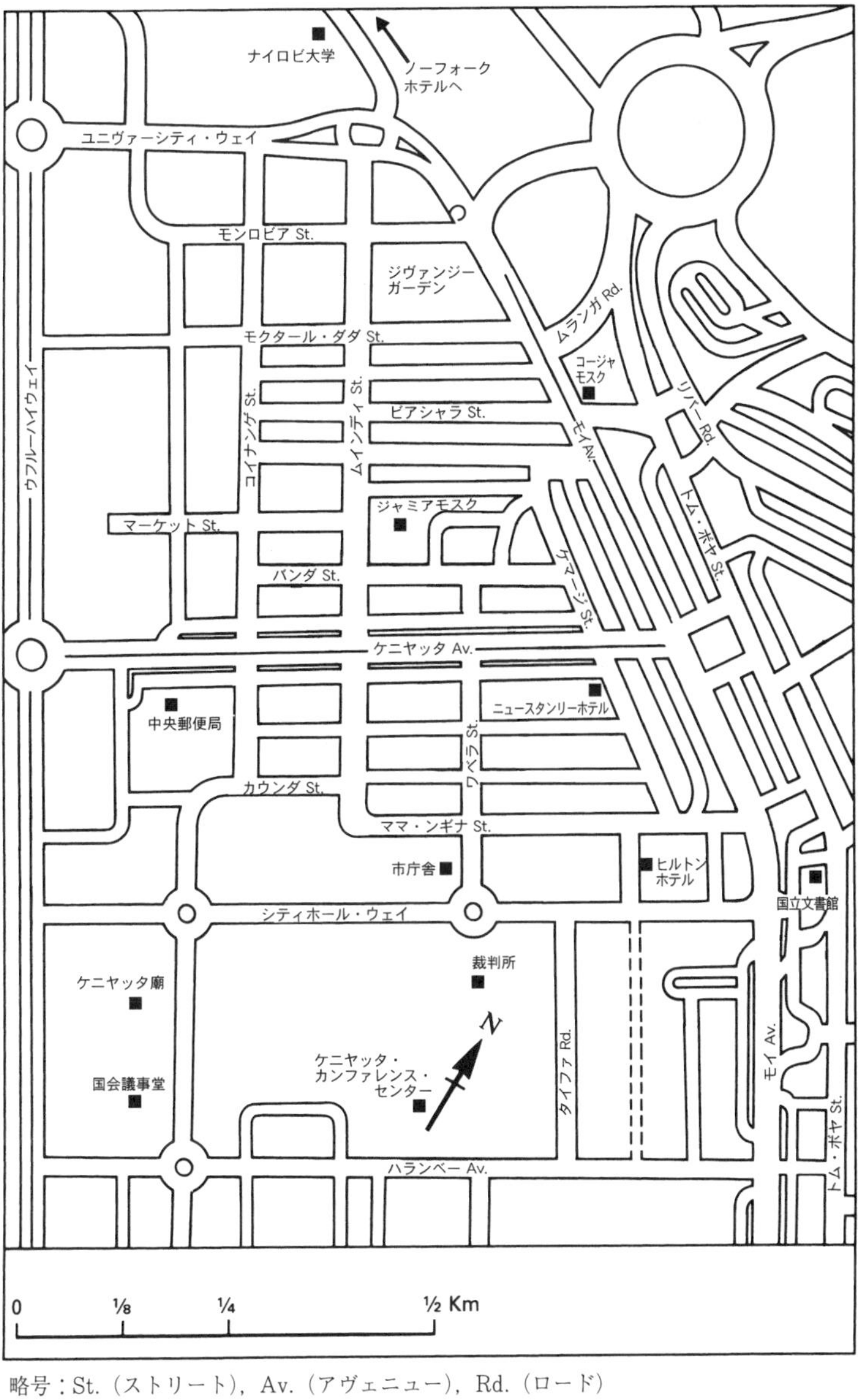

略号：St.（ストリート），Av.（アヴェニュー），Rd.（ロード）

凡例

1　訳出にあたり、民族語の正確な表記を期したため、いくつかの名詞が事典などで使用されている表記と異なっている。その場合、文中の初出と索引に従来の表記を併記した。たとえば、ゲコヨ（キクユ）、ゴゲ（グキ）やノーベル平和賞を受賞したワンガレ・マアザイ（ワンガリ・マータイ）など。ただし、「キクユ中央協会」「キクユランド」や地名の「キクユ」は、ケニアで慣用されている英語表記を採用している。

2　人名・地名・組織名・ゲコヨ（キクユ）語の用語の原綴りは索引中に含めた。

3　索引中のゲコヨ（キクユ）語のローマ字表記は、本書で使用されている英語表記ではなく、ゲコヨ語のローマ字表記を採用した。たとえば、「ch」は「c」に統一した。なお、ゲコヨ語と日本語表記の対照表は巻末に記したので、参照されたい。

4　本文中の訳者による注や補足は［　］に入れた。

5　主な人名・地名・組織名・ゲコヨ（キクユ）語の用語の簡単な解説は索引中に含めた。

6　訳出にあたり、原文の意味を変えない範囲で、事実に即して記述を補った箇所がある。また改行を補ったところがある。

マウマウの娘——あるケニア人女性の回想

装幀——伊勢功治

序　記憶は武器

コーラ・アン・プレスリー

記憶は武器である。わたしは、自分の心の深淵を知っていた。法とも銃とも無縁で、どんな軍靴も踏み込めないわたしの心の深淵を。敗北することなどあり得なかった。いつの日か、時がくれば、尊厳と土地を取り戻すために、私たちは、また、立ち上がるだろう。

――ドン・マテラ

本書は、一九五〇―九〇年代に政治の舞台で活躍したケニア人女性ワンボイ・ワイヤキ・オティエノ自身の手によって書かれた極めてユニークなノンフィクションである。マウマウ闘争期を描いたゲコヨ〔ケニア最大の民族。一般にキクユと表記されている〕人女性の自叙伝は二冊あり、本書はそのうちの一冊である。もう一冊は、チャリティ・ワショーマの『モンビの娘』である。しかし、『モンビの娘』は、もっぱら子供の視点から書かれており、成人した女性の回想や分析ではない。重要なことは、ワショーマは、政治闘争に巻き込まれていなかったことである。当時女学生だったワショーマは、ワンボイ・ワイヤキのように家庭や家族を捨ててナショナリストの闘争に参加する年齢には達していなかったからである。したがって、『マウマウの娘』は、マウマウ反乱に参加した女性によって書かれた唯一の作品である。

一九八〇年以降、アフリカの女性は、小説や詩、あるいは戯曲を次々に発表してはいるが、自叙伝という領域にはまだ進出していない。それゆえ、国境を越えた読者に語りかけたこのワンボイの回想は、アフリカ人女性の声や現代アフリカ諸国の政治闘争、あるいは独立後の植民地的状況に関心のある人びとにとって貴重な一冊となっている。本書には、歴史の中で演じた自分の役割を振り返る中で、著者自身が歴史の語り部に変身していくという回想録の伝統が引き継がれている。ワンボイの生き様や彼女が創り出そうとした歴史の立会人であり学徒でもあるわれわれは、この回想を通して彼女のヴィジョンを共有し、いかにわれわれ自身のイメージを形成するかを考えることができるのである。

ワンボイを本書の執筆に駆り立てたのは、彼女自身が述べているように、夫の埋葬をめぐる長い論争の中で受けた屈辱であった。一九八六年から九三年の間に、ワンボイは、六〇〇頁にのぼる原稿を、手書きとタイプの両方で書き終えた。原稿を読んだE・S・アティエノ・オディアンボ［ケニアの歴史家］とゴゲ（グギ）・ワ・ズィオンゴ［ケニアの作家］は、原稿の出版を彼女に勧めた。最終的に、この原稿は、リン・ライナー社に持ち込まれた。貴重な原稿であると判断したリン・ライナー社は、マウマウの回想録に関する著書を執筆中だったマーシャル・クラウにこの原稿を送り、彼がわたしに、その原稿に目を通すよう薦めてくれたのである。

ワンボイの原稿を読み始めたわたしは、たちまち、彼女が遭遇したさまざまな事件に惹き込まれてしまった。川の流れのような、しかし時には苦渋に満ちた語りが紡ぎ出す物語は、ケニア人にもケニア人でない人びとにとってもかけがえのない価値を持つものであった。この貴重な歴史的記録は出版されるべきであるとリン・ライナー社に報告した時点で、わたしは、この原稿の編集の仕事を託されることとなった。ワンボイとわたしの共同作業が始まり、草稿のやりとりが二年にわたって続いた。ワンボイが九カ月にわたり合衆国に滞在していた間には、週に数回は電話でやりとりを行なった。このやりとりの中で、細部が一層明確になるとともに、ケニア人、ゲコヨ人、ルオ人の文化や歴史の説明が加えられ、全体としてさらに説得力のあるものとなった。編者が、書き下ろしの原稿を一行一行、著者と確認しながら修正していくというこのプロセスによって、本書は、代作者によって書かれた他のマウマウの回想録とは異なる作品となっている。

本書は、人種・ジェンダー・階級間の抗争が織り込まれているという点においても特出している。ワンボイの話は、村で無邪気に遊んでいた子供時代から始まる。子供たちは、この時期、将来どのような役割を担うべきかを両親から教育される。しかし、それもまたたくまに過ぎ去り、ワンボイは、マウマウの雷雲のような群集と暴風に巻き込まれ、解放軍の兵士に変身していく。武力による抵抗運動の中でワンボイが学んだ教訓は、その後の彼女の人生とともに生き続けている。

＊　＊　＊

ワンボイ・ワイヤキ・オティエノ――この三つの名前は、ヴァージニア・ワンボイ・ワイヤキ・オティエノというひとりの人物の個人的な物語を越えて、ケニア史を思い起こさせる。ワンボイという名前は、原初的なゲコヨ・クラン［ゲコヨ社会は女性の名前に由来する十の親族組織《モヘレガ》を中心に構成されている。詳しくは五七頁の訳者注参照］のひとつの名前に由来している。伝承によれば、それは、ゲコヨ人が女家長制だった時代の女性の名前である。ワンボイの曾祖父ワイヤキ［本名コイヤキ・オレ・クマレ］は、イギリス人との取引で、ケニア史にその名を馳せた著名な一九世紀のゲコヨ人指導者である。彼に対する植民地的評価は、ワイヤキはイギリスの協力者であり、一八九二年、酒の上での乱闘で「帝国イギリス東アフリカ会社」（ＩＢＥＡＣ）の代理人にけがをさせたということになっている。しかし、ワイヤキの家族やケニアのナショナリストは、ワイヤキは会社の代理人や彼らが雇った部下の振舞いを見かねて抵抗したのだと主張する。彼らの雇った部下たちは、女性に手を出したり、住民の作物を盗んだりしていた。ワイヤキが投獄されたのは、そのような振舞いに怒った彼が、代理人たちに闘いを挑んだからだったというのである。研究者たちは、現在もなお、ワイヤキの演じた役割について議論を続けている。しかし、彼への追憶が、ワンボイにとって自伝を書く動機づけとなったことは疑いない。一方、オティエノ——ルオ人の名前——の名前は、法廷で見事な手腕をみせた夫シルヴァノ・メレア・オティエノの名として、ケニアでは有名である。彼は、おそらくケニアでもっとも卓越した弁護士だった。しかし、彼の埋葬をめぐっての論争後、ある高名な人物が、S・M・オティエノは妻によって有名になったとの発言をしてもいる(1)。

一九八六年、夫S・M・オティエノが遺書を残さずに突然この世を去った時、ワンボイはナイロビの所有地に彼を埋葬するつもりだった。しかし、彼女のこの意向は、オティエノが所属するリネージ［共通の祖先を持つ単系出自集団。ゲコヨ語では「バレ」］の長老たちが、ルオ社会の慣習法にもとづいて、彼の遺体はケニア西部の農村にあるオティエノの故郷に埋葬されねばならないと主張して起こした裁判によって阻まれることになった。この裁判は、「SM埋葬論争」(SM Burial Saga) と呼ばれ、ケニア中に大論争を巻き起こした。研究者は、これを伝統か近代か、あるいは女性への抑圧に与《くみ》するか女性の権利を認める他の近代国家の仲間入りをするか、というケニアの選択を決する裁判と位置づけた。一方、新聞はこの裁判を、ルオとゲコヨの民族対立、あるいは高慢で不道徳な女性による伝統を歪める試みと書きたてた。多くの申し立てがなされた。そして、ワンボイ・ワイヤキ・オティエノも、文字通り、真の試練に立たされたのである。

この試練が彼女にとって悲劇だったように、裁判はケニアの問題に関心を持つすべての人びとにとって思いがけない事件だった。ルオ人の伝統主義者が要求した沈黙と忍従を破って、ワンボイに彼女自身の物語を語る決意をさせたのは、裁判の経験、新聞報道、裁判についての歴史人類学的研究論文であった。

語られたのは、植民地主義の物語であり、ナショナリストの運動であり、ケニア人女性の運動であり、「ケニア・アフリカ人民族同盟」(KANU)の内幕である。女学校の生徒として、マウマウの闘士として、ケニア・アフリカ人民族同盟の会議に出席した数少ない女性メンバーのひとりとしてのワンボイの経験は、ユニークなケニア像を生み出した。彼女の話は多岐にわたり、情報にも富んでいる。家族の内輪の話から、政治問題までが語られている。彼女の話から、読者は、異なる民族集団間の結婚の難しさ、家族メンバー間の嫉妬の結末、結婚に関する伝統的な規範を無視した女性の運命、能力あるシングル・マザーにさえつきまとう汚名、中の上の階層に属する働く母親の挑戦、あるいは家庭生活のささいなこと、とりわけ現代の埋葬をめぐる問題などについて知ることができる。

しかし、ワンボイのこうした経験の細部に立ち入る前に、読者は、マウマウの闘士としてのワンボイを知る必要がある。マウマウの組織者として、ワンボイは一九五〇年代のナショナリスト運動に関わった。その経験を踏まえて、彼女は、労働運動と政治運動の関係、ナショナリスト運動内の人種と民族の関係、異なる忠誠心によって引き起こされた抗争、ケニア・ナショナリズムとタンザニア・ナショナリズムとの関連、マウマウ運動がイギリスを打倒するための武器としてゲコヨ文化を利用せざるを得なくした文化帝国主義のやり方、などについて語っている。

マウマウ反乱を研究している私にとっては、マウマウ運動における女性の役割についてのワンボイの議論と、彼女自身の苦しい経験談が圧巻である。マウマウ運動と同じく、ワンボイ・オティエノ個人の話も多くのことを教えてくれる。そのひとつは、女性活動家をコントロールするための武器として、植民地国家がいかに暴力を使ったかということである。語られているのは、女性に対して国家が行なった暴力の物語であり、そこではレイプがナショナリストを押さえ込む道具として使われた。ワンボイは、マウマウ女性の努力を記録にとどめ、一九五〇年代の彼女たちの闘争を経済闘争（協同組合運動）や平等の権利要求運動に結びつけることによって、女性の声を主張しようとしている。

本書の中で、ワンボイが一貫して追究していることは、歴史や現状の見直しである。つまり、ケニアの過去に関する植民地的見解の見直し（たとえば、ワイヤキに関する評価）、反乱での女性の役割に関して紡ぎ出されたイギリスのプロパガンダの見直し、女性問題に対してケニア政府が主張する公約の見直しなどである。終章では、今日のケニアにおける女性政治家にとっての挑戦と、選挙政治における汚職の問題に言及している。それらは、かつては同志だったモイ体制への告発となっている。一九九〇年代中葉の複数政党制民主主義の実現に向けての運動中にケニアで生じた政治的暴力に照らしてみると、ワンボイの辛辣《しんらつ》な批評は新たな意味を持つ。

ワンボイ・ワイヤキは、こうした問題を詳しく論じることができる立場にいる。彼女は、一九三六年、セントラル州の名門のゲコヨ一族に生まれた。彼女の曾祖父ワイヤキは、ケニアで最初に政治の殉難者となった人だった。当初、ゲコヨ人の土地に交易所を設置した「帝国イギリス東アフリカ会社」の代理人に協力的だったワイヤキは、次第にイギリス人に対して批判的になっていった。ワンボイ・ワイヤキ・オティエノによれば、代理人たちに抵抗したことが、ワイヤキの逮捕・追放・死亡の原因となった。ワイヤキ後の世代は、植民地国家に協力的だった。父ティラス・ワイヤキは植民地官僚体制の一端を担い、ワンボイを含む彼の子供たちは、ミッション・スクールに通った。青年期のワンボイにとって、ミッション・スクールの生活は、さまざまな矛盾に満ちていた。ミッション教育は、ゲコヨ社会の伝統的な生活を破壊し、少女たちに新しい世界にふさわしい居場所を教えるよう立案されていた。ワンボイは、宣教師やキリスト教徒の親たちが提供した性差別に満ちた帝国主義的教育にいかに反抗したかを語っている。彼女はまた、女性性器切除（ＦＧＭ）の問題が、いかに彼女や同僚の生活に影響を与えたかについても言及している。

女学生としてのワンボイの日々は、反抗の始まりの日々でもあった。学校で、彼女は植民地国家を賛美した歴史を学んでいたが、家では父親の同僚や友人が政治に関する議論をするために集まっており、若いワンボイは、植民地体制を非難し、その終結方法を模索するこうした議論を小耳に挟んでいた。

一九四〇年代末までに、ワンボイの心は決まっていた。マウマウの宣誓が始まると、彼女は、それに参加したのである。そして、一九五二年に非常事態が宣言されると、彼女は、闘争に参加するために森や都市に逃げ込んだ何千人もの同世代の若者たちの仲間に加わった。解放軍の兵士として、ワンボイは密使をつとめた。後に、彼女は女性を動員して、スパイと密輸の広域ネットワークを組織した。党員としての彼女の仕事には、女性グループを指導し、政治的な集会で示威行動を行なったり、党の合唱団を組織することも含まれていた。

こうした活動により、ワンボイは、治安部隊の標的となった。彼女は数回にわたって逮捕され、ケアンブー（キアンブ）に送り返され、尋問のために毎日、県の役人のところに出頭を命じられた。こうした規制が解除されるや、彼女はナイロビでの任務を再開した。非常事態の末期に、またワンボイは逮捕され、沿岸部の拘留キャンプに送られている。

独立と同時にワンボイはナイロビに戻り、そこで未来の夫となるシルヴァノ・メレア・オティエノに出会う。ふたりが開設した法律事務所は大成功を収め、オティエノ家はケニアで屈指の名門となった。ナショナリスト闘争のメンバーとして、ワンボイは所属選挙区を代表して新政府に参画した。彼女は、選挙事務所を持った最初の女性のひとりだった。一九八〇年代、ワンボイは協同組合運動に深く関わるようになり、内外のフォーラムの代表をつとめている。

S・M・オティエノの死という悲劇が一家を襲ったのも一九八〇年代だった。夫の埋葬をめぐる論争と、ワンボイが自分の権利を守るために行なった闘いは、かつてのマウマウ活動の時にも増して彼女を悪名高い女性にした。ケニア全土が、熱狂的な支持か熱狂的な反対かのいずれかに分かれた。一年間にわたって新聞紙上を賑わしたこの「世紀の裁判」によって、一家は、ケニア中の注目を浴びた。裁判自体、単なる家族紛争の問題を越えていた。それは、女性の権利および寡婦と子供の相続問題に関して国民レヴェルの論争を引き起こした、と研究者は考察している。

本書は、ゲコヨ社会の良家に生まれた女性の、いたって個人的な物語である。オティエノ夫人は、情熱と使命感に支えられて本書を書いている。彼女は、ケニア史におけるワイヤキ評価、S・M・オティエノの埋葬裁判の判決、独立後のケニアにおける政治的汚職の現状を変えたいと望んでいる。彼女の関心は、とりわけ、政治闘争に巻き込まれた人びとと、これまで無視されてきた人びとを顕彰することにある。その中には、マウマウの闘士を支えた女性や、アジア人やヨーロッパ人が含まれている。

マウマウ後、この勇気ある女性が舞台を降りることはなかった。彼女はケニア政治において女性の声を代弁しつづける一方、国際的なフォーラムではケニア人女性の代表をつとめた。さらに、夫の死後の個人的な闘争は、寡婦から財産を奪うといった、女性と子供に多大な影響を与える問題にできるだけ触れようとしないアフリカの他の国々にも論争の輪を広げた。

現代ケニアの法と社会構造は、二つの伝統に根ざしている。そのひとつは、イギリス植民地としての過去である。ケニア植民地国家の双子の落し子である収奪された黒人と権利を手にした白人とは、一八九五年に公式に植民地支配が開始され、一九六三年に共和国として独立するまでのケニアの歴史を形づくってきた。一九三〇年代まで続いた軍事的制圧と懲罰軍の遠征のために、アフリカ人首長と村長に補佐された県レヴェルのイギリス人官吏を核として、地方行政制度が樹立された。アフリカ人の役割は、国家と白人入植者のために安い労働力を提供することだった。加えて、帝国主義の美辞麗句は、ヨーロッパ的なより高度な文明へとアフリカ人を「高める」ことを要求していた。その結果、不道徳で非キリスト教的であると見なされたアフリカ文化への攻撃が始まった。植民地国家は、法律によって支えられていた。つまり、白人支配を支えるため、共同労働・徴税・保留地・社会的隔離・土地譲渡・パス法といった法律が整備されたのである。さらに、ヨーロッパ人住民に投票権と参政権を与えることによって、白人のナショナリズムは鼓舞され、アフリカ人のナショナリズムは抑圧された。そうした権利をアフリカ人が獲得するには、五〇年以上の時が必要だったのだ。隔離と分断によって、ヨーロッパ人入植者や宣教師、あるいは実業家や官吏とその家族にとっては、きわめて贅沢な生活スタイルが実現したのである。一方、大部分のアフリカ人にとっては、貧困の悪循環が生み出された。何年にもわたる権利の侵害の中で、植民地主義を変革し排除しようとする政治的・文化的運動が、一九二〇年代以降育っていった。

一九二〇年代にハリー・ズクの主導のもとに結成された最初のアフリカ人ナショナリストの

組織である「東アフリカ協会」（ＥＡＡ）は、労働政策と教育政策の民主化を国家に強く要求し始めた。しかし、一九二二年に指導者が逮捕され、組織が解散させられるにおよび、この試みは失敗に終わった。東アフリカ協会のあとを継いで、一九二五年に「キクユ中央協会」（ＫＣＡ）が結成され、アフリカ人のために、もうすこし緩やかな労働条件を要求するとともに、政府が任命した首長《チーフ》の支配からの救済を求めた。住民は、彼らによる支配に怒りを募らせていたのである。

不公正な植民地法の除去という穏健な目的をもったキクユ中央協会が、一九三九年まで、ケニアにおけるアフリカ人ナショナリズムの声を代弁していた。ケニアのナショナリズムが急進化したのは、第二次大戦後のことである。大戦中に禁止されたキクユ中央協会のあとを継いだ「ケニア・アフリカ人同盟」（ＫＡＵ）は、労働改革と教育改革のほかに、政府により多くのアフリカ人が参加し、立法評議会にアフリカ人のメンバーを送りこむべく立ち上がった。他の諸地域と同じく、新しいナショナリストの世代は、独立を要求した。ケニアにおいては、マウマウの名で知られるようになるケニア・アフリカ人同盟の急進派がこの要求の急先鋒に立った。彼らは、植民地体制に対する武装抵抗を手段として掲げたのである。

一九五二年、植民地統治に協力的なアフリカ人が暗殺されたのを機に、非常事態宣言が出された。その後の七年間、植民地は逮捕と拘留、叛徒と治安軍との武装闘争に悩まされた。治安維持のための政策は全植民地に適用されたが、闘争はもっぱらゲコヨ諸州を舞台に展開した。

他のゲコヨ家族と同様、ワイヤキ一族も非常事態によって引き裂かれた。「テロリスト」の嫌疑をかけられた人びとは、すべて逮捕され拘禁された。抵抗運動に同情的であると見なされただけで、突然、捜索されたり逮捕されたりした。鉄条網に囲われた看守つきの新しい村へ全ゲコヨ人を移住させるという苛酷な手段が、抵抗運動からアフリカ人支持者を引き離すことに成功した。一九五八年までに反乱は実質的に鎮圧された。マウマウは軍事的には敗北したが、しかし、政治的独立は達成された。穏健な政治家との交渉の結果、一九六三年、権力は「ケニア・アフリカ人民族同盟」（KANU）の手に渡った。

一九六三年から一九七八年まで、ケニアは、ジョモ・ケニヤッタ指導下のケニア・アフリカ人民族同盟によって統治された。ケニヤッタの死後、副大統領だったダニエル・A・モイが指導者となった。一九八〇年代初頭以降、モイは、拡大する経済問題、深刻化する貧困、増大する政治の民主化要求に直面している。モイ政権は、民主的勢力の要求を抑圧と暴力で押さえ込んできた。民族紛争も、(2)モイ時代の特色である。権力を維持する手段として、モイに忠実な勢力が故意にこうした緊張を煽っていたのだと主張する人もいる。政治家としてのワンボイ・オティエノは、ケニア・アフリカ人民族同盟の政治に関与すると同時に、モイ体制に対しては反旗を翻してきた。

ケニア人男性の自叙伝は、本書のように、闘争を自分の人生にひきつけて親身に語ってはいない。ワンボイはアフリカ人の生活を等身大に描いており、その内容は、南アフリカ女性の語りとアパルトヘイト闘争の経験に匹敵するものである。たとえば、メアリー・ベンソン、ベッシー・ヘッド、ヘレン・ジョセフ、エレン・クズワヨ、ジャネット・レヴィーン、ウィニー・マンデラ、エマ・マシニニ、マンペラ・ランペレ、マギー・レシャ、ヘレン・スーズマンなどの作品を挙げることができる。ウィニー・マンデラとエマ・マシニニの著作は、ワンボイの回想録と共通するテーマをたくさん含んでいる。こうしたテーマは、いずれも女性の役割を投影するものであり、具体的には、政治闘争、政治哲学、社会や政治運動内のジェンダー対立、彼女たちに対する国家によるテロリズムや「不道徳な女性」という描かれ方の中で語られている。これらの自叙伝では、子供時代、結婚、夫との関係、子供、白人女性や他の黒人女性について議論が展開されている。彼女たちは、叙述の中で一貫して、社会関係や子供たちの福祉、あるいは政治的秩序の道義的裁量権に言及している。

ウィニー・マンデラやエマ・マシニニの自叙伝は、ワンボイ・オティエノの物語と驚くべき類似性を示している。この三人の女性は、若くして闘争に身を投じ、政治犯として収監されていた期間に恐ろしい虐待を受けたが、それにもかかわらず、釈放された後は、活動家としての仕事を続けている。彼女たちは、指導者としての役割を引き受け、肉体的な勇気を示すとともに、闘争についての発言を通して、国家機構や抑圧の道具や国家の人種差別政策の社会的結末などについて、洗練された見解を開示してきた。彼女たちは、行動を通して国家を見直し、行動を通して社会に内在している神聖犯すべからざるものとしての性別分業構造を受け入れることを拒否する「土着のフェミニスト」になることによって、国家と自分たち自身を振り返っている。彼女たちは、植民地体制によって固定化され、女性の組織内に埋め込まれていた伝統的な性別役割分担に批判的なのである。

これらの自叙伝は、いろいろな面で、男性の政治的な作品とは異なっている。第一に、彼女たちの作品は、より個人的であり、家族の詳細な部分を描いている。彼女たちは、家族生活の些細な出来事を慈《いつく》しみ、いかに子供たちが国家の抑圧にさらされているかについて心を痛めている。彼女たちの語りは、アパルトヘイト、もしくは植民地ケニアの人間の顔を映し出している。彼女たちは、人間と人間の関係について、その醜さと同時に、人種の壁を越えて、あるいは、抵抗する者と協力する者との間の境界を越えて行なわれた利他的な行動についても述べている。

次に言えることとは、これらの自叙伝は、女性が革命家や解放軍の兵士になったことを示すことによって、女性の闘争を覆い隠していたヴェールを歴史研究者のために取り去ってくれたことである。彼女たちの人生や彼女たちが払った犠牲、抑圧に抵抗する名もなき多くの女性たちの人生や犠牲は、彼女たちの人生とわれわれの人生を変え、新しい娘たちを生み出しているのである。

（1）一九九六年に行なったワンボイ・ワイヤキ・オティエノとのインタヴューによる。

28

（2）　ルオとゲコヨとの間の民族紛争は、それぞれの利害が対立するよう仕掛けられた植民地期に、政府の政策によって増幅された。たとえば、政府は、ゲコヨ居住地であるセントラル州に、学校や病院といったサーヴィスを重点的に行なった。一方、ルオの労働者は、ゲコヨ人が行なうストライキ対策として投入されたり、マウマウと戦うために警官として徴用された。ケニヤッタ時代には、ゲコヨ人政治家が権力を掌握し、ルオ人はそれに参入できなかった。ダニエル・A・モイが大統領になると、大統領の出身集団であるカレンジン人が登用されるようになり、ゲコヨ人は差別感を抱くようになった。

第一章　家族の起源

私たちゲコヨ（キクユ）民族は、父方の系譜によって家族の起源をたどる。したがって、一八世紀に息子をともなって、南キナンゴップから徒歩でキクユランドにやってきた勇気あるわが祖先の女性について、わたしの家族は何も知らない。だから、私たち家族の歴史は、彼女が命を救ったその幼い息子から始まる。彼女自身は、「ヒンガの母」という呼称で知られているだけである。彼女の素性が記憶され、受け継がれてきたならば、今の私たちのリネージは、ワイヤキではなくカプティエイだったかもしれない。わたしは、「ミスター誰それの息子」と呼ぶ習慣を、ひどく差別的であると思っている。片親の場合を除き、「誰それ夫妻の息子、あるいは娘」という言い方がよい。この信念にもとづき、わたしは、家系図を父方と母方の両方を含めて示した（次頁）。

ワンボイ・ワイヤキ・オティエノの家系図

レモタカ Lemotaka ═ ニィナ・ワ・クマレ Nyina wa Kumale

クマレ・オレ・レモタカ(1) Kumare Ole Lemotaka ═ ゲナ（もしくはニャンブトゥ）(2) Ngĩna (or Nyambutu)

コイヤキ・オレ・クマレ(3) Koiyaki Ole Kumare ═ ティエボ（ドロボ人） Tiebo (an Ndorobo)

モニュア・ワ・ワイヤキ Mũnyua wa Waiyaki ═ グラッドウェル・ワゾニ(4) Gladwell Wathoni

ティラス・ワイヤキ Tiras Waiyaki ═ エリザベス・ワイリモ・ケマニ(5) Elizabeth Wairimũ Kĩmani

ヴァージニア・エディス・ワンボイ・ワイヤキ Virginia Edith Wambũi Waiyaki ═ シルヴァノ・メレア・オティエノ Silvano Melea Otieno

(1) クマレ・オレ・レモタカは、ガゼーシャ・ワ・ゲケニアの養子。別名「ヒンガ」。

(2) ゲナは、ガゼーシャ・ワ・ゲケニアの親族。この婚姻によって、われわれのクランは初めてゲコヨ人と血縁関係を持ち、彼女のクラン名であるアシェーラを名乗ることになる。

(3) コイヤキ・オレ・クマレは、一般にワイヤキ・ワ・ヒンガとして知られている。

(4) 本名ワゾニ・ワ・モゴ。アンブイ・クランのブウ・リネージの出身。このクランは、ゲコヨとモンビ［神話に登場するゲコヨ民族の始祖］の娘のひとりであるワンボイの子孫である。彼女は後に洗礼を受け、グラッドウェルと名づけられた。この結びつきにより、一族は、アシェーラ・クランのヒンガ・リネージと称することになる。

(5) エリザベス・ワイリモ（アイリモ・クランのイシャシリ・リネージ）は、ゲコヨとモンビのもうひとりの娘であるワイリモの子孫である。

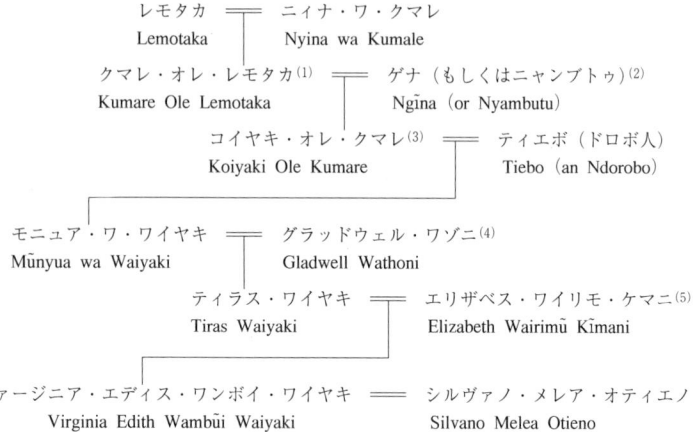

曾祖父　ワイヤキ・ワ・ヒンガ
マアサイ名はコイヤキ・オレ・クマレ．この写真は1890年から1892年の間のもので、キブウェズィに追放されて殺される前に撮影された．

祖父　モニュワ・ワ・ワイヤキ

クマレ・オレ・レモタカ、またの名「ヒンガ」の出現

わたしが辿れる最初の祖先は、曾祖父の父ヒンガである。私がまだ幼かった時、どのようにしてヒンガがキクユランドにやってきたかを、父はわたしに語ってくれた。一八世紀初頭のこと、あるマアサイ人の女性が、クラン［いくつかの単系出自集団から構成される親族組織《モヘレガ》］間の抗争に巻き込まれた村を逃れ、たったひとり生き残った息子を連れてズィカに近いザレにいたガゼーシャ・ワ・ゲケニアの屋敷にやってきた。ガゼーシャは、故大首長《シニアチーフ》モホーホの祖父にあたる。[1] 女性が連れてきた息子は、その名をクマレ・オレ・レモタカと言い、伝統的なモラン（戦士）の髪型をしていた[2]。彼らは、南キナンゴップ（現在、ニャンダルアとして知られている）にいたカプティエイ・レモタカというクランの出身だった。七人のクマレの兄弟たちは、クラン間の戦いで死んだという。

また、クマレ・オレ・レモタカの一族は、部族内抗争でマアサイの他のクランを虐殺したイライキピアク・クランに属していたという説も伝わっている。イライキピアクは、獰猛で戦闘が巧みで、戦略に長《た》けていたことで有名だった。他のクランは、もしイライキピアクが、攻撃しつづければ、自分たちすべてを奴隷にしたり、服属させたりすることによって制圧してしまうのではないかと恐れていた。イライキピアクは、マアサイの他のクランをすべて征服しつく

す勢いで迫害を続けたが、迫害を受けたクランは、イライキピアクをこの地上から抹殺しようと力を結集し、彼らを打破したのである。多くのイライキピアクは、その後、マアサイの母集団に吸収された。しかし、中にはカレンジンランドやキクユランドに逃亡した者もいた。カレンジンランドに逃れた者は、現在、ケリチョに住んでいる。クマレ・オレ・レモタカと彼の母親は、ザレに逃れたというわけである。

ガゼーシャ・ワ・ゲケニアは、熟慮の後、この女性と息子を二人とも受け入れることにした。女性は、彼の妻のひとりになった。現在、オレ・クマレという名で知られているクマレ・オレ・レモタカは、ゲコヨの慣習にしたがってガゼーシャの養子となった。儀礼のヤギ皮が彼の手首に結わえられると、彼の所属はカプティエイ・クランから、アシェーラ・クランのモトゥリ・リネージに移行した。のち、ゲコヨの慣習に従い、彼の子孫はアシェーラ・クランのヒンガ・リネージとして知られることになる。この一族は、現在、ワイヤキ・リネージとして知られているが、本当は、ヒンガ・リネージなのである。オレ・クマレのカプティエイ一族は、ライキピア県のルムルティにあるドル・ドルを含むマアサイランド一帯に散らばって住んでいるが、ほとんどが、ゴング・ヒルの後背地にあたるサイゲリと、北カプティエイ（カジアード県）にあるオルチョロ／オニョレに集住している。

オレ・クマレは、マアサイ名を維持し、キクユランドに定住、まもなく同年齢の若いゲコヨ男性の友達もできた。しかし、彼は、頻繁にマアサイランドを訪れていた。ゲコヨ戦士の一員として、マアサイランドを襲い、牛や女性を略奪していたのかもしれない。オレ・クマレは、マアサイとの商取引のために送り出されたある遠征隊との出会いを機に、「ヒンガ」という名を取得することになる。ある日、ゲコヨ女性グループが、物々交換で食糧やビーズを入手するためにマアサイランドに遠征した。オレ・クマレがマアサイ人だと思っていた女性たちは、たいそう太っているオレ・クマレを見て、この男からならイボイノシシと同じくらい大量の肉がとれる、などと悪口を言い合った。これを立ち聞きしたオレ・クマレは、この侮辱的な言葉にひどく傷ついて強く抗議した。女性たちは、彼がゲコヨ語の会話を聞き取れたことにびっくり仰天した。オレ・クマレは、許してあげるが条件がある、それを受け入れなければ、ひどい目に会うだろうと通告した。そこで、女性たちは、自分たちのネックレスからひとつずつビーズを提供し、一本の新しいネックレスを作り、そのネックレスを彼の首にかけ、のろいを取り除くための祝福の印として、それに唾をかけた[3]。ゲコヨ人の商人たちにとって、こうした屈伏は耐えがたいことだった。しかし、この遠征隊は女性だけだったので、オレ・クマレの要求に応じたのである。儀式が終わると、オレ・クマレは女性たちに自分の経歴を話した。ゲコヨの女性たちは、「カエ・オケレ・ヒンガ・エ」(彼はずる賢いやつだ)と言いながら、改めて彼に「ヒンガ」という名をつけた。以来、この名が定着し、何百人という彼の孫たちは、マアサイランドでもキクユランドでも、今日、この名を保持しているのである。

　ヒンガという名で知られるようになったオレ・クマレは、父ガゼーシャのもとに戻り、以後、父と一緒に暮らした。結局、オレ・クマレは六人の妻を娶り、その中にゲナ（ニャンブトゥという名でも知られている）がおり、彼女がワイヤキ・ワ・ヒンガ（マアサイ名はコイヤキ・オレ・クマレ）とその弟ゲズィエヤの母となるのである。ゲナは、ヒンガの第二夫人だった。ガゼーシャは、ヒンガがゲコヨ人の女性と結婚しない場合、マアサイの妻とともにマアサイランドに戻ってしまうことを恐れていた。そのため、ヒンガは養子にもらってくれたゲコヨ一族の娘ゲナと結婚したのである。ヒンガはガゼーシャとともに、ザレからゲーダにあるケビーショイに移住した。後に、ヒンガとその妻や子供たちは、ドロボ人[4]から購入したカベテ近郊のモコイ[5]の土地に移り住んだ。新しい家の近くには、ゼタ川の滝があった。滝は、彼の名に因んで「ヒンガの滝」（ドゥルルモ・ヤ・ヒンガ）と名づけられ、今日に至っている。

　ゲコヨ社会の慣習に従い、マアサイ人の妻が産んだヒンガの最初の息子は、彼を養子にしたゲコヨ人の父ガゼーシャに因んで名づけられた。ヒンガの第二夫人ゲナは、彼にとって二番目の息子にあたるコイヤキ（もしくはワイヤキ）を産んだ。コイヤキは、一八六六年頃に割礼を受け、「グオ・ヤ・ニィナ」という年齢集団に属することになった。[6]このワイヤキが、わたしの曾祖父である。ヒンガは多くの子供をもうけた。その孫や曾孫《ひまご》たちは、マアサイのクラン名で言えばカプティエイ、ゲコヨのクラン名で言えばアシェーラの一部に所属している。ヒンガの子孫の中には、ドロボ人と結婚している者もいる。また、カプティエイ／アシェーラに属するクランメンバーの多くは、マアサイ語を流暢に話すことができる。このことについては、本章の後半部分で説明することにする。ヒンガは、ワイヤキがキブウェズィに追放された時、失意のあまり死んだと言われている。それほどヒンガは、ワイヤキを大切にしていたのである。ヒンガについては、マアサイランドからの逃亡、名前の由来、カベテへの移住の他には何も伝えられていない。

ところで曾祖父ワイヤキ・ワ・ヒンガ(もしくはコイヤキ・オレ・クマレ)は、五人の女性を娶った。第一夫人ティエボは、ドロボ人だった。彼女は、モニュアという名で知られている息子ヒンガをもうけている。モニュアについては、あとで述べるが、彼には何人かの異母弟とジェーリ(もしくはテーリ)という名の妹がひとりいた。曾祖父ワイヤキの経歴はケニア史の中ではよく知られている。というのは、彼はイギリス人によって追放された最初のゲコヨ人だったからである。ヨーロッパ人が初めてキクユランドにやってきたのは、ワイヤキがモザマキ(7)(王、あるいは支配者)だった時のことだった。ワイヤキの支配圏がどの程度のひろがりをもっていたかは正確にはわからない。当時は、キクユランド自体が開けていなかったし、情報は少なく、事件の記録も入手できないからである。ヨーロッパ人はワイヤキに「大首長《パラマウントチーフ》」の称号を与えた。しかし、いったい誰がこの称号を与えたのか。ゲコヨの社会には、首長はいなかったからである。だが、もしモザマキを英語にあてはめるとしたら、「王《キング》」もしくは「支配者《ルーラー》」となるだろう。ワイヤキが権力を持つようになったのは、彼がヨーロッパ人に協力したからだ、という人がいる。しかし、ゲコヨの伝承はこれとは異なっている。ヨーロッパ人が初めて現れたとき、ワイヤキはすでに権力を掌握していたことがはっきりしているからである。ワイヤキは、マアサイランドでの略奪に何度も成功した後、ゲコヨの人びとによって指導者に選ばれたのだった。

当時は、民族集団間の略奪や戦闘が絶えなかった。ゲコヨ人がマアサイ人を襲ったのは、彼らの居住地が隣合わせだったからである。こうした略奪を遂行するため、ゲコヨ人は中年層および若年層の男性からなる戦闘評議会を設置していた。老年層の男性も、相談役としてこの評議会に参加した。戦闘評議会の義務は、戦闘の準備をし、ゲコヨ戦士集団を組織することだった。ワイヤキは戦士として有名な、しかも尊敬に価する人物だった。ヨーロッパ人がやってきた頃、ワイヤキは何度も略奪軍を率いてマアサイランドに攻め入っている。ゲコヨ人は何度も勝利を手にしたが、マアサイ人がナレオと呼ばれる勇猛な戦士の指揮下にあった時には敗退することも多かった。ナレオによって蒙った敗北の埋め合わせをするために、ゲコヨ人は、勝利をもたらしてくれる指導者を待ち望んだ。もっとも勇気ある戦士のひとりだったワイヤキに白羽の矢が立った。ワイヤキは戦闘の指揮をとることを了承し、ナレオを殺すまでキクユランドに決して戻らないことを戦闘評議会に誓った。ワイヤキの指揮下で、ゲコヨ人はマアサイ人に攻撃をしかけた。ワイヤキは、一騎打ちの結果、ナレオを矢でしとめることに成功した。ゲコヨ人は戦闘に打ち勝った。それは、ワイヤキ個人の勝利だった。彼は、英雄として帰還した。その後、ワイヤキは戦闘の指揮官として多くの勝利を手にしたが、その中には何百人ものマアサイを殺したキクユとキアンブ両村から近いグア・ゲシャムでの有名な戦闘も含まれている。ワイヤキが支配者（モザマキ）に選ばれたのは、この戦闘の直後だった。

ワイヤキの屋敷は、数軒の建物から構成されていた。妻たち一人ひとりの小屋の他、ワイヤキの個人的なポーター用の小屋もあった。ポーターは、ワイヤキが他の屋敷を訪れたり、会合に出席する時、儀礼用の椅子を運んだと思われる。屋敷は塀で囲まれ、門がひとつ設置されていた。門の外には、もうひとつの小屋があり、昼間の面会時間を過ぎて到着した客人を世話する奉公人がいた。夜、ワイヤキの屋敷に入ることは、何人といえども許されなかったからである。そのかわり、夜間の訪問客は、門の外の小屋で食べ物や寝る場所を提供された。奉公人が、客人の世話をした。翌朝、客人の名前がワイヤキのポーターに知らされ、彼が、客人の名前と目的などをワイヤキに伝えることになっていた。

これが、帝国イギリス東アフリカ会社(8)の遠征隊長フレデリック・ルガード大佐率いるヨーロッパ人が初めて到着したときのキクユランドの一般的な状況だった。ヴィクトリア女王がこの会社に特許状を与えた時、ルガードがその代理人に任命された。彼は、ゲコヨ人とその他のアフリカ人やイギリス人との間に良好な関係を築くという任務を託されていた。ルガード大佐一行は、ウガンダへの途上でワイヤキの領土を通過せねばならなかった。彼は、兵士を伴ってワイヤキの屋敷を訪問し、キクユランドに会社の支所を設置する許可を求めた。支所は、ウガンダに向かう隊商が立ち寄る中継所として使用されるはずだった。これを了承したワイヤキは、ガタグレーティ（ダゴレッティ）の土地を与えた。後になって、ある入植者がこの場所の名前をケアモゾンゴ（「ヨーロッパ人の場所」の意）に変えた。キクユ近郊のモゼーガにあるこの場所は、ケアワリオアという名でも知られている。一八九〇年、ガタグレーティでワイヤキとルガードは、お互いの血を飲み、「血兄弟の関係」を結んだ。これによって、ふたりは一種の兄弟関係に入ったと見なされたのである。ふたりが取り交わした条約には、なかんずく、ゲコヨ人の土地や財産はいかなるものでも強制的に収奪され得ないと明記されていた。ルガードは、部下たちがゲコヨ人女性に触れないこと、ワイヤキの支配に介入しないことにも同意した。支所の設置を許可してくれたお返しとして、ルガード大佐は、領土を守るための銃を五丁ワイヤキに提供するとともに、条約を決して破らないことを約束した。

その後、会社の支所は、ルガード大佐の部下とゲコヨ人との間で行なわれた激戦の後に放棄された。ルガード大佐の部下が条約違反を犯した結果であった。彼らは土地の占領を企んだため、ワイヤキとの間で戦闘になったのである。激戦では、ルガード大佐のスワヒリ人やインド人ポーターなど、多くの命が失われた。ワイヤキ軍は、血兄弟のルガードから手に入れた武器を用いて戦闘を勝利に導いた。ゲコヨ社会には、血が流された場所に決して留まらないという慣習があるため、ワイヤキはブギシ――後にフォート・スミス［現在のキクユに位置する］と名づけられる――に移住するよう部下に命じた。ルガードの部下も、彼と共にブギシに移った。

一八九二年八月一二日、ワイヤキは部下に、帝国イギリス東アフリカ会社のポーターに対する二回目の戦闘を開始するよう命じた。婚姻を通じてワイヤキの親戚となっていたドロボ人数名がスワヒリ人やインド人のポーターによって攻撃され、殺されたからである。戦闘は、新しい支所を管轄していたヘンリー・パーキスの友人であり、スワヒリ人のポーターを率いていたムクトゥブ伍長によってしかけられたものだった。ムクトゥブ伍長は、ゲコヨ人やドロボ人の女性たちを誘惑することで悪名高い人物だった。これは、ワイヤキとルガード大佐の間で取り交わされた条約に違反する行為だったのである。この二回目の戦闘では、ムクトゥブ伍長と百人のスワヒリ人やインド人のポーターが戦死した。この勝利を祝うワイヤキの部下たちの祝宴が、新たにポーターの指揮官となったパーキスを怒らせた。ワイヤキ、彼の部下、戦闘評議会が祝い酒をのんでいる間に、パーキスは和平を話し合うために会合を開こうと提案した。ところが、ワイヤキが酔っ払っていることを知って、パーキスはワイヤキの小屋から銃を奪ってくるようポーターに命じた。さらに彼は、ワイヤキを捕らえて、棍棒で彼の頭をなぐるようにとも命じた。ワイヤキは銃がなければ、多くの命を失うことを知っていた。ヨーロッパの武器は非常に強力だったからである。彼は部下に戦うのを止めて降参するよう命じた。

ハーバート・H・オースティン准将は、この事件を目撃したと言っている。ずっと後になって、彼は次のような話を、わたしの曾祖父の裏切り行為を証明するものとして語っている。

記憶は、キクユのフォート・スミスでわたしが目撃した三〇年前の悲劇にわたしを引き戻した。悲劇とは、当時、ゲコヨ人を統率していたワイヤキが、帝国イギリス東アフリカ会社のキクユ支所の代表をしていたパーキス氏を襲った事件である。挑発もないのに行なわれた攻撃が、ワイヤキの失墜を招いた。そして、われわれヨーロッパ人によって、当時まだ若かったケニアージュイ・ワ・ガズィリモが、彼のかわりに支配者になった。しかし、この記事を書いているわたしの目的は、ウガンダ鉄道が敷かれる以前と、ワイヤキが反逆の日々を送っていた動乱の時代のキクユの状況について語ることである。ワイヤキは、モンバサから三五〇マイル隔てたウガンダへの幹線路上に位置する肥沃な地域を占領したイギリス人に反抗するよう、おとなしいゲコヨ人たちを巧みに煽動していたのである。(9)

読者は、わたしの曾祖父に対するオースティンの評価について、自由に推理をめぐらして下さってよい！　後に、J・W・グレゴリーも著書『大地溝帯』の中で、次のように述べてゲコヨ人に対する同様な評価を下している。「反逆や裏切りという点に関し、アギクユはおそらく代表的な部族であろう」(10)。イギリス人は、ダゴレッティやフォート・スミスで蒙った敗北への報復として、ワイヤキを逮捕した。ワイヤキにしてみれば、イギリス人が、ゲコヨ人の土地における安全な業務の遂行を確保するためにゲコヨ人の土地を奪おうとしていることを見抜き、イギリス人と戦うよう命じたのである。ワイヤキは、逮捕された翌日の一八九二年八月一二日にキブウェズィに追放された。この事件は、「ゴマ・ナ・モロ」（除草棒と寝る）と呼ばれる年齢集団が割礼を受けていた時に生じている。逮捕されると、ワイヤキは暴行を加えられた。頭を殴られ、頭蓋骨を損傷した。同伴していたイギリス人もインド人も傷の手当てをしてくれず、血は流れるままにされたという。逮捕されたその夜は、フォート・スミスの英国旗を掲げた柱に縛りつけられた。両手を縛られたまま、ワイヤキはインド人のガードマンによる厳重な警備の中、キブウェズィに向かって沿岸部へと連れ去られたのである。部下たちへの最後の言葉は、「一寸たりともわれわれの土地を外国人に与えてはならぬ。もしもそういうことをすれば、将来、われわれの子どもたちは飢えて死ぬことになるだろう」というものだった。こうした警句は、今でもゲコヨ人に記憶され、しばしばナショナリストによって歌われている。

ヒンガの息子、ワイヤキは死んだ
彼は、われわれに、
　　自分たちの土地を売るな、という戒《いまし》めを残した
それなのに、今、われわれは、土地を手放している

（コーラス）
われわれゲコヨ人の土地
神が、祝福を与えたわれわれの土地

神は語った、
決してわれわれを見捨てないと

ワイヤキの死と遺体の埋葬を記念して、ゲコヨ人は、次のような歌を作った。

ワイヤキは死んだ
彼は、キブウェズィに埋葬された
彼が埋葬されたその場所に
一本のバナナが植えられた

ワイヤキは、一八九二年九月六日、英雄として死んだ。彼の死の原因に関して、ふたつの説がある。ゲコヨ人は、ワイヤキが、足だけを宙に残して逆さまに生き埋めにされ、同じ場所で死んだ白人は、正常な体位でワイヤキの足元に埋葬された、という説を信じている。これは、白人がゲコヨ人から主導権を奪い取るための宣誓だったと、私たちは確信している。しかし、イギリス人によれば、ワイヤキはキブウェズィへの途上で自ら命を絶ったことになっている。いずれにせよ、ワイヤキを殺したのはイギリス人である。パーキスの行動は、帝国イギリス東アフリカ会社とアフリカ人との友好関係を望んでいたヴィクトリア女王の怒りを買った。女王は、なぜこのような行動にでたかを説明させるため、何人かの社員をイギリスに召還している。一九〇二年にヴィクトリア女王がこの世を去ると、保護領宣言が出され、帝国イギリス東アフリカ会社の権限がイギリス政府に引き継がれた。この時のイギリス政府の目的は、ゲコヨ人を抑圧して、イギリスの支配を認知させることだった。土地が収奪され続け、一九〇七年までにはケアンブー県の肥沃な土地のほとんどが白人入植者の手に渡った。一九二〇年、イギリス人はケニアを直轄植民地とし、一九三〇年までには、セントラル州の肥沃な土地のほぼすべてが収奪された(11)。

一方、ワイヤキに死の一撃を与えたパーキスは、一八九四年に病を得るまで、さらに二年間、キクユランドとウガンダで会社のために働いた。彼は、イギリスへの帰路、キブウェズィで命を落とした。ワイヤキとパーキス——このふたりの宿敵は、キブウェズイの宣教所の中庭で、向かい合って長い眠りについている。私たちは、故郷に埋葬しなおすために遺体を掘り起こすことができない。彼の墓とパーキスの墓との区別がつかないからである。たとえ、最新の考古学的技術が遺体の識別を可能にするとしても、私たちはそれを望まない。さまざまな政治的状況や宗教的信条が、ワイヤキの遺体の掘り起こしを私たちに躊躇させている。ゲコヨ社会には、「ローエ・ロティウマガ・モカロ」(「川は水路から離れない」、転じて「かつての王は、常に王である」)という諺がある。

ケニアの今の指導者は、民族を統合する力を持っていると信じられているワイヤキの子孫が再び権力を掌握するのではないかと恐れている。初代大統領だったジョモ・ケニヤッタも例外ではなかった。ジョモ・ケニヤッタはアンボイ・クランの出身で、彼の叔母にあたるわたしの祖母に育てられた。彼は、大首長モホーホ・ワ・ガゼーシャの娘ゲナと結婚した時、ワイヤキ一族との血縁関係を強めた。ワイヤキの母親は、ガゼーシャ・ワ・ゲケニア〔大首長モホーホの祖父〕一族の娘ゲナだったからである。ケニヤッタは、大首長モホーホ・ワ・ガゼーシャを訪問したのち、その娘のゲナと結婚したのである。ママ・ゲナは、きわめて有能なファースト・レディだった。彼女は、自分の意見をはっきり述べる性格だったが、同時に親切で、しかも威厳のある女性だった。まさに、成功した男性の背後には、成功した女性がいるという諺のよい見本だった。ケニヤッタは、彼女の影響ゆえに大統領として成功したといってよい。かつてわたしは、「国連女性の一〇年」（一九八五年、ナイロビ）に参集した代表を歓迎するための昼食会で、大臣や官僚たちにいらいらさせられたケニヤッタ大統領が、どのようにそれに対処するかをママ・ゲナに聞いたことがある。彼女は、大統領の怒りがおさまらず、翌日、彼を怒らせた当人にそれが明らかにわかってしまうと思われる時がしばしばあったと、わたしに打ち明けた。そんな時、彼女は、それについて触れることはせず、大統領が出かける直前に、なぜ無力な人を傷つけるようなことをするのかとたずね、そのようなことをする人物は良きリーダーとは言えない、と丁重に話すのだという。そうすれば、たとえ、家を出る時にまだ怒りが残っていても、彼が人を傷つけることはしないだろうと……。彼女は、「大統領というものは、冷静さを取り戻させる妻が必要なのです」とわたしに語った。

ワイヤキ・ワ・ヒンガの子供と孫と曾孫《ひまご》たちは、かつてルガードの駐屯所があった土地にプレスビテリアン（長老派）の教会を建設した。教会は、ケフモ（「はじまり」）を意味するゲコヨ語）という名で知られている。ワイヤキの第一夫人であるドロボ人のティエボの長男はヒンガと命名されたが、一般には、モニュアと呼ばれていた。彼が、わたしの祖父である。ワイヤキがキブウェズィに追放された時、モニュアはまだ幼かった。彼の割礼の儀式は、叔父であるゲズィエヤ・ワ・ヒンガによって執り行なわれた。一八九四年に割礼を受けたその年齢集団にはモトンゴ（天然痘）という名が与えられた。この時期、天然痘が流行したために、この名がつけられたのである。こうしてモニュアは、一族のリーダーとなった。宣教団が初めて到着したとき、彼らはモニュアに教会と病院と学校の建設をする許可を求めた。モニュアはこれに同意し、ジョン・A・アーサー博士に率いられた「スコットランド宣教教会」に四平方マイルの土地を与えた。これに先立ち、キャンプ地の申請をしていたワトソンという宣教師がいたが、年若い妻を残して死亡。そのワトソン夫人こそ、のちに土地の人びとからビビ・ワ・ガンビ（キャンプマンの妻）と呼ばれた勇敢な女性である。彼女とアーサー博士は、「マンベレ」と呼ばれる最初の男子校と女子校を設立した。彼らは、「トーチ教会」と「ハンター記念病院」も建設。のちには、「チャーチ宣教師協会」（CMS）と協力して、「アライアンス高校」をも設立している。[12] ワトソン夫人は、一九二二年にトーチ教会の「女性ギルド」を発足させた。彼女はイギリスで没し、火葬に付された。その遺灰は、女子校発足の地であるトーチ教会の墓所での葬儀のためにケニアに運ばれた。

宣教師たちは、祖父のモニュアを改宗させることはできなかった。彼は、生涯一夫多妻を守った。しかし、彼は、彼なりのやり方で宣教師たちに援助を与えている。ある日、アーサー博士はモニュアを訪ねてこう言った。土地を与えてくれて大変感謝している、そこで子息のひとりを教育したいのだが……、と。モニュアは博士に私の父ティラス（ニックネームはカリンデ）を連れて行くように言った。このようにしてわたしの父が博士のもとに送られ、ミッション・スクールの寄宿生となったのである。

モニュアは一九二八年にモゼーガで没した。アグシク・クランのケノー・リネージの友人によって毒殺されたと言われている。事は、アガシク・クランの男が催した祝宴に始まる。招待されてこの祝宴に出席したモニュアは、家に戻るや否や病気になり、この友人への嫌疑を家族に話したあとで死んだ。彼の最後の言葉は、子孫の誰もケノー・リネージの人びととは結婚してはならないという言葉だったという。彼の葬儀は、キリスト教の教会で行なわれ、アーサー博士が彼への賛辞を述べた。モニュアはキリスト教に改宗はしなかったが、誰よりも神のために尽くした、と。モニュアは、所有地の大部分をミッションに与えたことによって、間接的に多くの人びとがキリスト教に改宗する支援をしたことになる。

モニュアによるスコットランド宣教教会への土地の割譲は、過去七〇年間のケニアの土地所

左より　父ティラス、祖母グラッドウェル、兄フレデリック
この写真は、兄が南アフリカのナタールにあるフォート・ハーレ・カレッジに留学する1946年に撮影された.

有政策と関連している。アーサー博士はゾゴトの宣教所を去る前、神のために使用されていない土地はヒンガ一族に返還すべきであると述べている。しかし、現在も、宣教活動のために活用されずに個々人に貸し出されている約七二六エイカーの土地が存在している。土地を持たないヒンガの子孫に土地を返還することは、モニュアに対する誠意ある行為だといえよう。この立場は、スコットランド宣教教会の評議会に提出された宣教所の土地に関する覚書の中で、マクファーソンとマッキントシュの両牧師によっても支持されている。[13] わたしの父ティラス・ワイヤキとその叔父にあたるベンジャミン・ゲズィエヤ牧師は、土地の返還について話し合った結果、モリス・カーター判事を首班とする「ケニア土地委員会」［一九三二年設置］に証拠を提出した。[14] 一九三二年と一九三三年のことである。カーター判事は、例外として、土地の返還を勧告した。数年後、ベンジャミン・ゲズィエヤ牧師は、委員会での証言を求められた時、ワトソン氏さえ死ぬ前に土地の返還を承諾していたということを繰り返し宣教師たちに思い出させようとした、とわたしに語っている。それは、アーサー博士の名声を尊重することにもなる。それは教会は、その義務を果すべきだ。というのは、もし教会がそれを行なわないとしたら、いったい誰ができるのか？

モニュアは、息子である故ローレンス・ワイヤキ（ワイヤキ・ワ・ノンガレ）が所有する土地に葬られている。以前、すべての土地は、一括してヒンガ一族が所有していた。誰もが、必要に応じて、その土地の一部を耕すことができた。一九五六年に土地の画定が行なわれ、モニユアが葬られた土地は、息子のローレンス・ワイヤキのものとなった。一族の土地には、多くの学校や病院、あるいは一九二八年にエラストゥス・ザルバ・モニュアによって設立されたトーチ教会が建設されていた。エラストゥスの本当の名前は、ワイヤキ・モニュアである。彼は、わたしの父親の義理の兄弟にあたり、彼の母親はドロシー・ワンボイである。エラストゥスの業績は、聖具室に隣接する石の壁に刻印されている。

モニュアによる教会への土地の委譲と、それを取り戻そうとするヒンガ一族の試みは、ケニアにおける土地争いを象徴している。すでに述べたように、ゲコヨ人が巻き込まれた土地問題を調査するために、モリス・カーター判事が任命された。人びとは、これによって、ワイヤキの逮捕とその死によって失われていたイギリス人とゲコヨ人の友好関係が取り戻せるかもしれないと考えた。しかし、カーター・コミッション(「ケニア土地委員会」)は、わたしの所属クラン以外の土地の返還を勧告しなかった。カーター・コミッションが政府に提出した報告書には、イギリスはゲコヨ人の要求を無視し土地を保持するとあるのだが、その一三年も前にイギリス政府は私たちの土地を保護領から植民地へと変更しているのだ。以後、イギリス人の総督が任命され、ゲコヨ人の奴隷化と征服が完了した。一九二二年のハリー・ズクの蜂起は、こうしたイギリスのやり方への異議申立てだった。イギリスは、もはやその意図をごまかせなくなった。その証拠に、白人の侵略に対する蜂起は、一八九〇年以降、断続して行なわれている。(15)

ヨーロッパ人は、祖父を失ったワイヤキ家への償いに、わたしの父ティラス・ワイヤキをアフリカ人初の主任検察官に任命した。ティラスの母親は、アンボイ・クランのブウ・リネージ出身のワゾニであった。一八九八年、ワゾニはヌズィ年齢集団（ドゥトゥ、もしくは「チガース」年齢集団とも呼ばれる）で割礼を受けた。のち、洗礼を受けてグラッドウェルと名づけられ、モニュアの第五夫人となった。彼女は、よく第一夫人のワンジャ・ワ・ドーニョの手伝いをした。一家の悲劇は、このワンジャの子供のうち年長の四人が、ニエリ県出身のモニュアの僚妻のひとりの失火による火事で死亡したことである。ワンジャは、一八九一年にギゲ（「いなご」）年齢集団で割礼を受けている。そもそもワンジャは、ワイヤキ・ワ・ヒンガと結婚することになっており、婚資も支払われていた。しかし、彼が追放され、ワンジャを妻に迎える前に死亡してしまった。そこで、年上にもかかわらず、急遽、ワイヤキの息子モニュアと結婚することになったのだった。モニュアとワンジャは、ゲコヨ民族の儀式にのっとって、正式に結婚した。彼女は、四人の子供の焼死によって精神的な痛手を受け、子供の養育をすることができなくなっていた。そこで、ワゾニが自分の子供と一緒に、彼女の子供の世話をしたのである。わたしの母も、父と結婚したての頃、ワンジャの息子ガザグエの面倒をよくみた、と語っていた。

わたしの父ティラスは、ワゾニの長男だった。次男モゴは、病気がちでまもなく死んだ。三男のゲショへも、生まれてすぐ死んでいる。そのため、彼女はただひとり生き残った長男を溺愛した。彼から片時も目を離さず、家の中に閉じ込めておくことが多かった。わたしの祖父モ

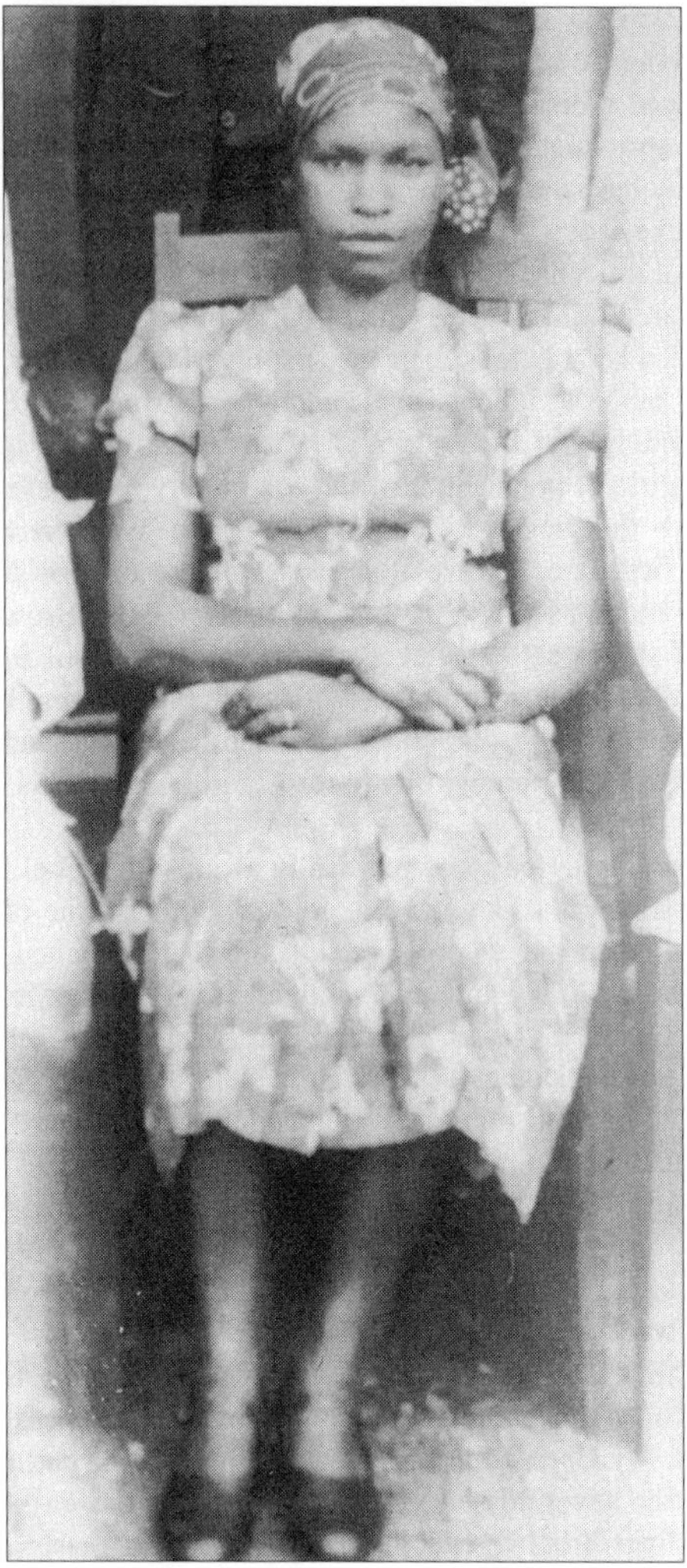

母　エリザベス・ワイリモ・ワイヤキ（1940年）

アフリカ人で初めて警察の主任検察官となった父（1930年代）
このユニフォームは主にヨーロッパ人官吏が着用していたもの．父と数人のアフリカ人官吏のみが着用を許された．

ニュア・ワ・ワイヤキは、ワゾニの態度に気づき、息子を嫌うようになった。彼は、隠された者という意味の「カリンデ」というニックネームをつけられた。（のち、わたしの父は、カリンデと呼ばせないために〈呼んだ場合〉六カ月の執行猶予か、それを越えない投獄を行なうよう告訴するつもりだったという）。その頃までに、宣教師たちは、わたしの祖父が与えたゾゴトの地所に拠点を築いていた。ワゾニの溺愛ぶりに怒ったわたしの祖父は、懲罰として一人っ子の息子を宣教師の手に託すことにしたのである。

こうしてわたしの父は、ゾゴト・ミッション・スクールの寄宿生となった。彼は、当時の最高学歴である高校二年まで修了した。(16) しばらく教鞭をとったのち、鉄道省に勤務することになるが、まもなく、警察の検察官《インスペクター》になるための訓練を受けるため、そこを辞している。かくして、わたしの父は、同年輩の一族の中でもっとも高い教育を受けた。わたしの祖父の怒りは、思わぬ幸運をもたらしたということになる。年長者のひとりとして、彼は年下の義理の兄弟たちの教育を支援した。すでに述べたように彼の薦めで、母親はクリスチャンになり、洗礼を受けてグラッドウェルという名前を与えられた。彼女は、一九五六年に一人息子のティラス・ワイヤキがマウマウ非常事態中に逮捕されたショックで病気になり、この世を去った。息子の逮捕を知らされた時、彼女は失神し、以後、彼女が健康を取り戻すことはなかったのである。

ティラス・ワイヤキは、キマニとヌンガ・ワ・ゼネ（カロンガリ・ワ・ゼネ）の娘であるわたしの母エリザベス・ワイリモ・ケマニ（モヘト）と結婚した。わたしの祖母カロンガリの母

（ジェーリ）は、ガゼーシャ・ワ・ゲケニアの姉妹のひとりだった。わたしの曾祖母の母親と同じく、エリザベスも故郷のナイヴァシャから、妹のジェーリと義理の弟ワニョイケと一緒に徒歩でキクユにやってきた。白人の知識へのあこがれが、年若い彼女に、かくも長い距離を歩かせたのだった。ナイヴァシャのゲコヨ人のほとんどは、スクォッターだった[17]。わたしの母方の一族も、たくさんこの中に含まれていた。リムル付近の所有地が、ヨーロッパ人によって奪われたからである。わたしの母は、父が学んだゾゴト宣教所近くのマンベレ女学校に入学を許可された最初の少女のひとりとなった。父と母は、こうして出会ったのである。ふたりは、一九二五年に教会で結婚式を挙げた。一九二六年、第一子であるフレデリク・モニュワ・ワイヤキが生まれた。彼は長じて医者となり、かつ政治家となった。モニュワ・ワイヤキ博士がその人である。彼は、ケニアの外務大臣となり、かつジョモ・ケニヤッタお抱えの医者もつとめた。ティラスとエリザベスは、その他に一五人の子供に恵まれ、すべての子供に高等教育を受けさせた。ヴァージニア・エディス・ワンボイことわたしは、七番目の子供で三女だった。ティラスとエリザベスの子供たちは、科学者、判事、看護師、医者などになっている。

（1）　モホーホは植民地当局が任命した首長であり、初代大統領ジョモ・ケニヤッタの第四夫人ママ・ゲナ・ケニヤッタの父親である（第一夫人はグレース・ハフ、第二夫人はイギリス人のエドゥナ・ケニヤッタ、第三夫人はワンボイ・ワ・コイナンゲ）。

（2）　マアサイ人のモランというのは若い戦士のこと。彼らは伝統的に、赤い粘土で編み込みした髪を固め、たくさんの宝石で飾り立てた独特の髪型をしている。

（3） ゲコヨ人の信仰によれば、何か悪いことを言っても、すぐに唾を手に吹きかけて何か善いことを言った人と握手をすれば祝福され、前に言った悪いことは消し去られるという。

ゲコヨ始祖神話の10人の娘とそれぞれに対応するクランの名称

娘の名	クラン名
1．Wanjirũ	Anjirũ
2．Wabmbũi	Ambũu
3．Wanjikũ	Agacikũ
4．Wangarĩ	Angarĩ/Aithekahuno
5．Wanjeri/Waceera	Aceera
6．Waithĩra/Wangeci	Aithĩrandũ/Angeci
7．Wakĩũrũ/Nyambura	Akĩũru/Ambura/Ethaga
8．Wairimũ/Gathigia	Airimũ/Agathigia
9．Wangũi/Waithiegeni	Angũi/Aithiegeni
10．Wamũyũ/Wagigia	Aicakamũyũ

注：スラッシュは「別名」の意。
出典：Gakaara Wabjau, *Mĩhĩrĩga ya Agĩkũyũ*, Gakaara Press Ltd., Kenya, 1960[1].

（4） ゲコヨというのはゲコヨ人の始祖のことである。キリニヤガ山（ケニア山）の頂上で祈りを奉げていた時、ガイと呼ばれる神から土地の支配を委ねられたゲコヨは、モクロウェ・ワ・ガザンガ（モランガ県）と呼ばれる場所に家を建てるよう命じられ、そこに、いちじくの木（メコヨ）を植えた［メコヨはゲコヨの語源］。そこで彼はモンビという名の女性と結婚し、九人の娘をもうけた［モンビの語源は〝壺を作る〟という意味のコンバ Kũmba に由来している］。すなわち、ワシェーラ（Waceera）、ワンジコ（Wanjikũ）、ワイリモ（Wairimũ）、ワンボイ（Wambũi）、ワンガレ（Wangarĩ）、ワンジロ（Wanjirũ）、ワンゴイ（Wangũi）、ワリギャ（Warigia）、ワイゼラ（Waithĩra）である。この娘たちがゲコヨのすべてのクランの祖先となったという伝承がある。他にも、ゲコヨの世襲財産であった土地は元来狩猟民族であるアーズィ人、もしくはドロボ人によって占拠されていたもので、彼らが農耕民であるゲコヨ人に売ったのだという伝承もある。土地が耕されると、狩猟をする場所がなくなり、ドロボ人は土地を離れた。しかし、その頃までに多くのドロボ人がゲコヨ人と結婚した。わたしの曾祖父も、ティエボと呼ばれるドロボ人の女性と結婚している。

〔訳者注〕ゲコヨ人は、最後まで数えると災いをもたらすと信じているため、右の注では九人の娘となっているが、本来は十人。十人の娘の名前とクラン（ゲコヨ語では「モヘレガ」、複数形「メヘレガ」）の名称については表を参照されたい。

（5）モコイは、ローワー・カベテ近郊のケアンブー県南部に位置している。

（6）われわれの伝統的な文化では、男女がともに割礼を受けていた。少女は一二歳から一四歳の間に割礼を受けた。少年が割礼を受けるのはもっと遅かった。年齢階梯集団は割礼が行なわれた時に起った大きな事件にちなんで名づけられた。たとえば、ギゲ（一八九一）はその年にイナゴの大群が押し寄せてきたことに、ニョト（一九〇五）はライオンの侵入に、ジェゲ（一九〇七）はヤマアラシが菜園をあらしまわったことに、それぞれ由来している。

（7）モザマキは同世代の長老評議会によって選ばれる支配者、もしくは王であった。

（8）「帝国イギリス東アフリカ会社」（ＩＢＥＡＣ）は、東アフリカにおける貿易独占を企図してイギリス政府から勅許状を入手した。植民地化直前の当時のほかの勅許会社と同様、この会社も単にアフリカ人とビジネスを行なっただけではなく、政府としての機能も果し、経済的権益を入手するために現地の政治にも介入した。ワイヤキが接触した時の会社の主な目的は、モンバサからウガンダへの鉄道敷設にあった。

（9）Austin 1923, pp. 613–622.

（10）Gregory 1933, p. 196.

（11）【編者注】ワンボイの分析はゲコヨ人の間に広く受けいれられていた見解を表明している。たとえば、友好と善意に関するヴィクトリア女王の公式表明は真摯なものだった、ゲコヨ人の首長たちは女王ともに公正な統治を行なった、アフリカ人の状況は入植者が植民地政府を掌握した後に悪化した、といった見解である。一九二〇年までに、五五〇万エーカーのアフリカ人の土地が白人の手に渡った。ゲコヨ人は、第一次世界大戦に従軍したイギリス人「入植者兵士」への報償のために、一二〇平方マイルにも上る土地を強制収用で失った。

［訳者注］ちなみに一般の歴史書では、一八九五年に帝国イギリス東アフリカ会社の権限はイギリス政府に引き継がれて東アフリカ保護領宣言が出され、翌年には「王領地条例」が公布されたことになっている。

(12) 植民地期にケニアのアフリカ人エリートの多くを輩出したアライアンス高校は、モニュワによってスコットランド宣教教会に提供された土地に建てられた。多くのケニア人の大臣、専従秘書、州弁務官はこの権威ある高校で教育を受けている。この高校は現在でも有名校であり、ケニア教育修了証（高校レヴェル、もしくはイギリスの「O」レヴェルやケンブリッジ・スクール・サーティフィケートに相当するもの）を発行する高校の上位十位以内に常に入っている。

(13) ケニア土地委員会の報告書であるコマンド・ペーパーCmd. 4556（1934), p. 20を参照。なお、他にもArthur pp. 192–198, 457–459, Macpherson 1970, pp. 26–27, 35, 39を参照のこと。

(14) ケニア土地委員会は、土地を奪われたというアフリカ人の訴えを調査し、「原住民」の保留地と白人専用の領域として設定されたホワイト・ハイランドとの境界線を引くために任命された。アフリカ人は、ヨーロッパ人には土地を所有する権利はないとして、委員会の提出した証拠や勧告を拒否した。ケアンブーのゲコヨ人は、土地問題がワイヤキと帝国イギリス東アフリカ会社との間の熾烈な対決を引き起こしたと主張した。土地はリフトヴァレー州でも、セントラル州でも収奪された。

(15) 一九二二年、ハリー・ズクは「東アフリカ協会」（ＥＡＡ）の下で蜂起を指導した。彼はジェセ・カリオキ、ジョセフ・カゲゼ、エリザベス・ワイルイル、メリー・ワンジル・ニャンジルと密接な協力関係にあった。ズクは逮捕され、ナイロビのキングスウェイ警察所に収監された。ゲコヨ人が彼の逮捕に抗議して立ち上がった。彼らは警察所の外でデモを始めた。二日目、メリー・ワンジロ・ニャンジロは、平和的手段でハリー・ズクの釈放を要求しようと群集に話しかけたが、成果はなかった。そこで彼女は警察所に押しかけ、銃を持って、力ずくでズクを解放することを提案した。彼女は、群集が彼女の提案を受けいれた時、警官によって射殺された。ズクは裁判なしに拘置され、キスマヨに追放された。

(16)　高校卒業と同じ。

(17)　スクォッターとは白人に土地を取り上げられた人びとのこと。彼らは耕作する場所も牛やヤギを育てる場所も失った。選択肢もないままに、彼らは低賃金で白人入植者のもとで働くことを余儀なくされたのである。白人の農民は彼らに農場内の村に住む場所を与え、その近くの土地に小さな菜園をつくることを許した。入植者はニャパラ（管理人）を指名した。入植者たちは馬に乗って農場をパトロールし、怠けているスクォッターを鞭で打った。彼らは奴隷さながらの状況を強いられたのである。

第二章　子供時代

わたしは、一九三六年六月二一日（日）午後八時三〇分に生まれ、同年一二月にゾゴトのスコットランド宣教教会で洗礼を受けた。洗礼名は、ヴァージニア・エディスである。わたしが育った環境は、奇妙な矛盾に満ちていた。それは、五〇年におよぶ植民地支配の遺産であった。ゲコヨ文化とキリスト教文化、わたしはこの両方の文化が持つ多くの制約を拒否しつつも、その両方の文化の一部となるべく育てられた。つまり、クリスチャンの生き方とゲコヨ人としての日常的な雑事の中で成長したのである。日曜になると日曜学校に通う一方、他の一般的な少女と同じく学校に行く前と帰ってからは、幼い弟や妹のめんどうをみて母親を助けた。川から水を運んだり、薪拾いに行ったり、あるいは掃除や洗濯の手伝いもした。これらは、義務として少女に期待されていた仕事だった。わたしは、こうした仕事が好きではなかったが、うまくこなしていた。家族が所有する畑[1]で、母親と一緒に働くこともあった。その結果、農作業にも習熟した。両親は、わたしに土地を与え、そこで収穫したものを貯蔵庫の一角に貯蔵することができるようにして、わたしの農作業を奨励した。

両親は、娘を守ることを自分たちの義務だと考えていたので、小川に水を汲みに行くときも、森へ薪を拾いに行くときも、学校の往復も、わたしは常に両親の監視下に置かれていた。権威的なわたしの母親は、私たちに絶対の服従を要求した。実際、わたしは、学校からの帰路、門限を守るために、いつも全力疾走したものである。のち、わたしが三マイル競争を得意とするようになったのは、そのせいだったかもしれない。村で行なわれた競争で、三位以下だったことはなかった。こうした厳しいしつけは、少女を男の子の誘惑から遠ざけておくためであるとされていた。しかし、皮肉なことに、私たちが出会う可能性のある少年といえば、従兄弟《いとこ》たちだけだった。モゼーガにはワイヤキ一族しか住んでいなかったからである。私たちは、ゲコヨ文化や慣習に染まらないように、クリスチャン以外の親戚を訪ねることも禁じられていた。わたしは、こうした両親の態度に強く反抗し、ほとんど反乱を起こしかけていた。もっとも、両親はそれに気づいてはいなかった。外見上、わたしは常に従順なワンボイだったのである。

子供時代のある部分は、生涯消えることのないつらい記憶としてわたしの心の中に残っている。両親が私たちに期待した労働もそのひとつである。たとえば、私たちは二五〇頭もの家畜を、隣の農場を通らないように注意しながら川の水飲み場に連れていかねばならなかった。また、牛の乳絞りを教われば、それが私たちの仕事となった。初乳（ゲザナと呼ばれている）を飲んだ者は、その牛により近い人となるというのが、ゲコヨ民族の慣習だった。ある時、わたしはニャメニという名の牛を与えられたことがある。この牛のゲザナを飲んだ時、わたしは吐き気を感じ、おなかがおかしくなった。それ以来、わたしは紅茶にいれるミルク以外、飲むことができなくなった。両親は、牛が子牛を産むと、世話の仕方を覚えさせるために、その子牛を私たちに与えたのである。わたしの家では、山羊も飼っていた。私たちは、一頭以上の山羊の世話をさせられることになっていた。誰でも、長期的には、立派に育てた自分の家畜を誇りに思い、いとおしく思うようになるものだ。わたしの心を引き裂いたのは、父親が勝手にわたしの山羊をブッシュに連れ出して、友人たちと一緒に殺して食べてしまったと思われる時だった。しばらくして山羊がいなくなったことを知ったわたしが問いただすと、はじめて父親は殺したことを白状するのだ。ある時、父親はわたしの白黒ブチの山羊を殺して食べてしまったことがある。わたしは一日中、泣き明かした。今でも、わたしは父を許したとは思っていない。男性は、女性と子供を見下している。わたしの父親も、私たちが手塩にかけて育てた山羊を殺した時は、例外ではなかった。

子供時代の最悪の思い出は、何時間もかかる水汲みだった。水道がなかった時代、水はケハロと呼ばれる近くの小川から運ばねばならなかった。小川への道は険しく、悪路で、曲がりくねっていた。その道を、水をいっぱいに満たした一〇ガロンのアルミ缶を背負って、日に一〇回も往復した。それを、午前十時前には終わらせなければならなかったのだ。他の仕事が待っていたからである。波状のトタン屋根をつたった雨水を大きなタンクに貯めることができる雨季の間だけ、この水汲みの重労働から解放された。こうした最悪の思い出のせいで、わたしは一九五四年に故郷を離れて以来、ケハロ川を訪れたことがない。もっとも、わたしの両親もまた、こうした重労働をこなしていた。わたしの家には常に奉公人がいたが、ひとりやふたりの奉公人には手におえないほどの仕事があったのである。私たちは、大きくなって一家の世話をどのようにするかを学ぶためにも仕事を覚えなければならなかった。人びとは、その他、土壌の浸食を防ぐための土手作りといった公共労働も担わされた。(2) イギリス人は、この仕事が土壌の浸食を防止するとみなしていたかもしれない。しかし、もっと他の手段もあったはずだ。妊婦さえ、溝掘りの作業を強制されたのである。いずれにせよ、当時、ゲコヨ人は植民地支配の下に置かれていたことを忘れてはいけない。

当時のゲコヨ社会では、少女の割礼［クリトリス切除］が少年の割礼と同じく認められていた。しかし、この儀礼は宣教師にとって呪うべき慣習だった。宣教師は、通常、割礼された少女を学校から追放した。(3) この問題は、ゲコヨ人の分裂の原因になった。宣教師に与《くみ》するものもいたが、大多数は独立教会もしくはカレンガ教会に移籍し、独立学校を創設する道を選んだ。この分裂は、両陣営間の対立抗争を生みだした。クリスチャンのゲコヨ人は、割礼した少女と付き合うことを子供たちに禁じた一方、クリトリス切除を必要だと思っている人は、割礼をしていない女性は不完全であり、まだ子供の段階にとどまっているとみなした。

この抗争は、新しい宗教や宗派を生み出した。カレンガ教会もしくは独立教会は、祈りは、ケニア山の頂上に住むと信じられている神（ガイ）に対して捧げられるのだと主張した。「アーメン」のかわりに、彼らは「ザーイ　ザーザイヤ　ガイ　ザーイ」（〃神に捧げる祈り〃）という言葉で祈禱を締めくくった。彼らは、子羊を生贄として捧げながら、モグモの聖木のもとで、ガイに祈ったのである。

クリスチャンと伝統主義者との分裂は、家族にも影響を及ぼした。宣教師に味方する家族の少女たちは、割礼を受けていない少女（ケレーゴ、複数形イレーゴ）をあざける歌（モゼレゴ）ではやしたてられていじめられた。割礼をしていない少女は未開人であると揶揄されたのである。というのは、少年や少女がゲコヨ人としての正しい行ないや文化（ケレラ）を伝授されるのは、割礼儀式の時だったからである。カレンガ教会は、割礼を受けた少女のための寄宿舎（ケレレ）を備えたゲゾンゴリの「ケニア教員養成学校」のような独立学校を創設しはじめた。この教員養成学校のもっとも有名な教師が、ジョモ・ケニヤッタでありビヨ・コイナンゲだった。一方、少女の寄宿舎ケレレは、レベッカ・ジェーリの下に運営されていた。この学校の建設は、シェゲ・ワ・ケビロの予言（オラズィ）をも引き出した。彼はこう予言したのである。（「ケアワイレラ／ゲソンゴリに建物がたてられた時、はじめて自由を手にできるだろう[4]」）。

わたしが割礼を受ける年齢に達した時、クリスチャンの母はすべての儀礼にわたしを参加させることを拒否した。これが、わたしと友人との関係にひびをいれた。彼女たちは、わたしをあざけることを止めなかったからである。わたしの場合、割礼を受けた少女が受けていない少女を通らせないよう封鎖した道と格闘しなければならなかった。このため、わたしは敵意をもやし、ゲコヨ式柔道（メテゴ）を習った。その結果、わたしの同級生たちは、男子も女子も、わたしにかまわなくなった。しかし、侮蔑的な歌を聞かされ、わたしは自分がいかに「不健全」であるかを常に思い出させられた！　たとえば、次のようなゲコヨ語の歌である。

割礼してない少女は小悪魔《ケアガヌ》(5)
あなたに知らせなくちゃ、彼女は小悪魔なのよ（二回繰り返し）
彼女は香木にのぼるんだよ

あなたに知らせなくちゃ、彼女は小悪魔なのよ
わたしたちの先祖に呪われて
子供がバナナでのどをつまらせる
彼女は笑い転げてぶっ倒れる

（コーラス）
この割礼してない少女
この割礼してない少女
彼女は笑い転げてぶっ倒れる

あまりにも心を傷つけられて、わたしは、ひとり隠れて泣いたこともあった。割礼を受けること以外は頭になく、それを許してくれない母を憎んだ。それは、わたしがマンベレ女学校にゆき、家政学のクラスで育児法を学ぶまで続いた(6)。

母は、わたしたちに性教育を行なうことができないという意味で、恥ずかしがりやの女性だった。両親はともに気が短かったが、どちらかと言えば、父のほうが気がおけなかった。父への親近感が強かったからである。少女だから弱いということを考えたくなかったからかもしれない。ただ、人間として認められたかったのだ。初潮は、一四歳の時だった。その時、自分に何が起こったのか、わたしは、全くわからなかった。聖書で読んだ「十八年病」〔『聖書』マルコ福音書五章二五―二九節、マタイ福音書九章二五節、ルカ福音書八章三節に一二年間出血が止まらなかった少女の話がでてくる〕だと、わたしは思った。怯えて、わたしは母親のもとに走った。しかし、彼女はわたしをなぐさめたり安心させてくれるどころか、怒って姉のグラッドウェルところにゆくようにとわたしを追い払った。わたしがグラッドウェルに「病気」のことを話すと、彼女は五分間も笑い続けた。まったく残酷だった。何が起こったかのヒントもわたしにくれず、母も姉もひどく不親切だった。

学校時代

一九四三年、わたしはローンギリにある小学校に入学した。七歳のときだった。しかし、母を助けて幼い弟や妹の世話をするために、まもなく退学した。再び小学校に通い始めたのは、一九四四年のことである。毎日、わたしは長い道のりを歩いて学校に通った。授業は、木の下で行なわれた。たまに、草葺きのほこりだらけの教室で勉強することがあったが、その時には、ほこりで息がつまらないように床に水撒きをしなければならなかった。学校での成績は良く、共通入試にパスすると、キクユにあるマンベレ女学校に進学した。これが、わたしの人生の転機となった。両親の支配から脱出できたからである。のちに、わたしはキクユ中学校に、ついでタンザニアのアルーシャにあるテンゲル・カレッジへと進むことになる。テンゲル・カレッジで、わたしは社会開発・政治学・リーダー学の学士号を取得した。学業の面では、わたしは恵まれていた。大嫌いだった数学以外の教科で苦労をしたことはなかった。日常生活に関係のない代数・幾何学・グラフは、わたしにとって何の意味もなかった。しかし、経理には興味があったし、家政学・自然科学・英語・スワヒリ語（最終試験で最優秀点をとった）・社会福祉は得意だった。のちに、わたしが夫や自分の事業の経理をたくみにこなしたのは、驚くに当たらない。

ミッション・スクールで学ぶことができたのは、経理のような教科だけではなかった。セクシュアリティについて語ることを躊躇する大人は、マンベレにはいなかった。教科のひとつである家政学にわたしは大変興味をひかれた。校長のJ・J・ブラウンリーは、理解力のある信頼できる女性だった。彼女は、いかに妊娠するのか、そのような妊娠に対して社会はどのように反応するのか、いかに妊娠が少女の生活を堕落させるか、といったすべての質問に答えてくれた。私たちは、初めてこうした話を聞いた。そして、ブラウンリー先生を母親のように慕うようになった。しかし、わたしの母親のように、彼女もそれなりの厳しさを持っていた。休暇から学校にもどると、彼女はいつもわれわれの処女性の検査をした。処女を失ったことがわかると、ただちにマンベレから追放された。こうしたことや、当時、少年たちが少女を大切にするようしつけられていたことが、われわれの処女性を守るのに役だったといえる。

わたしが政治に目覚め、わたしの中に反抗心が芽生え始めたのは、マンベレでのことであった。その第一の理由は、心にためていた憎悪すべき事柄について質問をしはじめる年齢だったことである。わたしの曾祖父と白人との間で起こったことに関する授業での説明もそのきっかけとなった。第二の理由は、わたしがワンボイという名前を愛していたし、そして今でも愛しており、美しい名前だと思っているということである。ところが、ブラウンリー先生にとっては、そうではなかったのだ。先生にとって、アフリカ人の名前は存在しなかった。点呼の時、名前を呼ばれるとわれわれは「はい、先生」と答えることになっていた。先生に「ヴァージニア・ティラス」と呼ばれると、わたしは怒りで息がとまりそうになった。わたしが答えるべき「はい、先生」という言葉は、喉の奥でとまってしまった。その結果、わたしは返事をしない無礼者ということで、しばしばお仕置きを受けた。つまり、週末の帰宅を許されず、学校に残されたことが何度もあったのである。

わたしが受け入れられなかったもうひとつのことは、文化に対する偏見とわたしがみなしていたことだった。マンベレにやってきた時、わたしはゲコヨ民族のダンスを嫌悪していた。クリスチャンの母がこうした考えをわたしの頭に叩き込んだのである。彼女は、ことあるごとに、クリスチャンの教えをひいては、ゲコヨ民族の罪深い慣習をわたしに指摘した。割礼期間中、歌やダンスを聞いたり見たりしないよう、私たちは屋内に閉じ込められもした。マンベレではじめてスコットランドのダンスのすばらしさを教えられた時のわたしの驚きと憤慨を想像してほしい。このダンスを学んで上達した私たちは、賓客を迎えるたびにそれを披露したものである。しかし、それはゲコヨ民族のダンスがスコットランドのダンスより劣っていることを、わたしに納得させるものではなかった。こうした反抗心から、わたしはすべてのゲコヨ民族の歌とダンスを覚えた。その中には、年長の女性しか知らないきわめて難しいゲティーロというダンスも含まれている。一九五二年十月二〇日、非常事態宣言が出された時、わたしは一六歳で、まだ生徒だった。学校で経験したキリスト教教育と文化的偏見というすべての相克が、わたしを反乱に駆り立てていったのである。

（1）【編者注】家庭菜園を意味するゲコヨ語はモゴンダである。ワンボイの子供の頃、こうした菜園は家族の消費する食料のほとんどを供給していたと思われる。

（2）段々畑政策は、いかにして土壌浸食を防ぐかをアフリカ人に教えることを目的としていたが、その実施には強制労働がともなった。戒厳令がしかれた時、ホームガード［植民地当局に協力したアフリカ人守衛］に監視されたゲコヨ人は、こうした段々畑の造成作業を共同労働によって行なわねばならなかった。これは、過酷な労働をともなう刑務所と似ていた。人びとは、自分たちの菜園だけでなく、村落中にそうした段々畑を造成するよう要求された。

【編者注】段々畑政策は急斜面の多いキクユランドの農村地域における土壌浸食を食い止めるために導入された。それは、強制をともなう不払い労働で、加えて、段々畑を造成することにより、作付面積はおそらく三〇％ほど減少したと思われる。

（3）ゲコヨ人が宣教師と対立したその他の事例として一夫多妻が挙げられる。ゲコヨ人の男性にとって、多くの妻を持つことは豊かになることを意味した。一夫多妻も家族の規模を拡大する要因だった。

（4）マウマウ反乱中、戦士たちはシェゲ・ワ・ケビロの予言をわれわれに思い出させる歌をうたった。次はそのひとつである。

ケビロの息子シェゲはこう言った
ケアワイレラに建物を建てよう
建物が完成するとき
われわれは自由を勝ち取る
このゲコヨの土地は
祝福の中で神によって与えられたもの

そして、そこを離れてはいけないと

（5）【編者注】シェゲ・ワ・ケビロは一九世紀のゲコヨ人予言者だった。おそらく一九〇五年に没している。彼とワイヤキは、ヨーロッパ人の本性を暴いたという意味でゲコヨ独立闘争の英雄となった。シェゲは、ゲコヨ人社会を征服して混沌をもたらすヨーロッパ人の到来を告げる夢を見たといわれている。彼がゲコヨ人に語ったとされるいくつかのヴァージョンが残っている。たとえば、彼はゲコヨ人に、いつの日か侵略者がでてゆくことを期待して、彼らに反抗せずに距離をおき、彼らの力の秘密を学ぶようにと語ったといったヴァージョンである。シェゲについての詳しい議論とワイヤキ・ワ・ヒンガとの比較については、Lonsdale, pp. 240-247; Kenyatta 1938, pp. 4-14 参照のこと。

ゲコヨ語のケアガヌは、「いたずらな」とか「生意気な」と言った意味を持つ。

（6）「マンベレ」は「前進」の意。つまり、われわれは教育、キリスト教信仰、発展において他の少女より進んでいる、ということを意味した。

第三章　マウマウ運動初期

一六歳の生徒だったわたしは、『イースト・アフリカン・スタンダード』や『デイリー・クロニクル』といった新聞を読み、ジョモ・ケニヤッタの声明についても知っていた。しかし解放軍の兵士についてはあまり知らなかった。ケニヤッタの『ケニヤ山に向かいて』を読んでいたし、ケニヤッタ自身、わたしの家をたびたび訪れてもいた。彼とビヨ・コイナンゲは、やってきては屋外の芝生に寝転び、何時間もわたしの父と議論をしていた(1)。子供だった私たちは、何が議論されているのかはわからなかった。しかし、非常事態が布告された時には、よくわからぬままに第一回目のマウマウの宣誓に参加していた。それは、一九五二年の休暇中のある日のことだった。宣誓は、わたしが参加していた「ガール・ガイド」運動の一環だと思っていたのだ。ティモゼ・シェゲという名前の従兄弟《いとこ》が、わたしともうひとりの女性をガイトゥンベと呼ばれる場所に連れていった。彼女は、わたしの家の農園で働いていた女性で、母親の親戚だった。従兄弟《いとこ》もこの女性も、曾祖父ワイヤキ・ワ・ヒンガが植民地主義者から受けた野蛮な仕打ちに対するわたしの怒りを知っていた。というのは、わたしは復讐のためには何でもする用意があると、公然と話していたからである。

ガイトゥンベに着いた時、何が起こるのかほとんど知らされていなかった。まず、月経中かどうかを聞かれた。（当時、経血は穢《けが》れていて、不幸の原因になると思われていたから、月経中の女性は宣誓に参加する資格がなかった、ということをあとで知った。）わたしが「いいえ」と答えると、平手で強く打たれた。何のために打たれたのかは、わからなかった。それから、ブラジャーとしたばき以外の服を脱ぐよう命令され、ほの暗い部屋に通された。その部屋には、何人かの人が雑然と座っていた。部屋の一方に、二本のサトウキビの先端を結わえて作られたアーチがあった。そのアーチは、人間が充分通れる高さだった。宣誓を受ける者は、そのアーチを歩いて七回くぐるよう指示された。それから、長い山羊皮で他の参加者と一緒にくくられた。その山羊皮は、「ロクァーロ」と呼ばれることをのちに知った。私たちは、一直線になって、再びアーチを七回くぐった。そのあと、ひとりの老人がひょうたんを持ってきて、血と土の混じった液体を一口ずつ飲むように命じた。わたしはもう少しで吐きそうになった。山羊の内臓のようなにおいがしたからである。しかし、自由はそう簡単には手に入らない、という母の親戚が言っていた言葉を思い出した。ケニヤッタが同じことを何度も新聞で表明していた。だから、わたしは、何でも飲もうと決心したのだ。その後、わたしは忠誠を誓った。先導者の言葉を注意深く繰り返しながら、次のような誓いをした。

1. 白人によって奪われたゲコヨとモンビの子供たちの土地のために闘うこと。
2. 可能ならば、白人や黒人の協力者から武器を奪い、運動を強化するために貴重品やお金を入手すること。
3. たとえ兄弟であっても、運動に敵対するものは殺すこと。
4. 起こったことや、運動のメンバーとして入手したいかなる情報も決して漏らさないこと。運動を強化するため、常に最大限の努力をすること。そして、秘密を守れない場合、殺されることもあること。

この儀式は、非常事態が宣言される二カ月か三カ月前に行なわれた。

非常事態宣言は、わたしの海外留学を妨害した。わたしは一九五三年に退学し、イギリスで勉学中の姉や兄に合流するはずだったのだ。しかし、政治状況がそれを阻んだ。ありあまる時間を、わたしは解放運動を知るために費やし、議論にも積極的に参加するようになった。農場や家事の手伝いを続けるうち、ひとりの女性農場労働者と親しくなった。わたしは、彼女に解放闘争の活動に関することをたびたび話して聞かせた。たとえば、ワイヤキが白人によって残酷に殺されたことに対するわたしの怒りや、植民地支配に協力していた黒人のケニアージュイ・ワ・ガズィリモがわれわれを裏切った褒賞として大首長《パラマウントチーフ》の地位を与えられたことなどである。ところが、話をしてみると、彼女はわたしよりマウマウについてよく知っていることがわかった。こうしてわたしを信頼した彼女は、この運動について知っていることを話してくれるようになった。マウマウに参加することによって、白人であれ黒人であれ植民地主義に加担する者を駆逐することに協力できるだろうというのである。すでに宣誓をしていることを、わたしは彼女に言わなかった。宣誓をしたとはいえ、まだ本当に運動に参加しているとは感じていなかったからである。しかし、学校にもいかなくなって、わたしはこの運動にもっと関わりたいと思うようになった。そこで、私たちは計画をたてた。ある夜、みんなが眠りについた時を見計らってわたしは窓から抜け出した。彼女と他のマウマウのメンバーがわたしを待っていた。私たちは一緒に、再びガイトゥンベのモミラと呼ばれる男性の屋敷に向かった。そこでわたしは二回目の宣誓をしたのである。それは、二年前に受けた宣誓と同様のものだった。

　この宣誓のあとまもなく、わたしに強い罪悪感を植えつけた事件が起こった。ある晩、家の中にいた私たちは銃声音を聞いた。母が窓をあけて外をのぞいた。わたしは、ケノーのホームガード駐屯所への攻撃が行なわれようとしていることを知っていた。わたしの家の門には目印がつけてあったので、マウマウはわたしの家が支持者であることがわかることになっていた。わたしは、わたしの家が攻撃されないことを知ってはいたが、流れ玉が母に当たるかもしれないと思い、窓を閉めようと母のあとを追いかけた。母が次から次へ窓を開けるので、わたしは母ともみあいになった。母は、わたしの挙動を不思議に感じたようだが、宣誓を守ってわたしは何も説明しなかった。わたしは、ただ母が負傷することを恐れたのである。後になって、同じことがわたしの叔父モシュギア・ワンバーに起こり、彼は耳をけがしたことを知った。わたしは従兄弟《いとこ》のシェゲの助けを借りて、マウマウの戦闘評議会に抗議した。わたしは、親類すべての家に「安全」という目印をつけていたからである。わたしは嘘をついていたわけではなかった。わたしの親戚は誰も植民地主義者に協力していなかったのである。

ケノーのホームガード駐屯所攻撃の後、わたしは川に近いブッシュの中で二回目の宣誓を受けた（最初の二回の宣誓は、ひとつの宣誓だとわたしは考えている）。三回目の宣誓は、非常に意志強固なフリーダム・ファイター だった「ニィナ・ワ・アンド」（人びとの母）との異名を持つワイリモ・ワ・ワーガシャのワイザカにある家で受けた(2)。その他の宣誓は、それぞれ理由があって受けたが、宣誓を条件に行なわれる特定の活動のために受けることもあった。宣誓は、それ以前の宣誓を強化する目的で行なわれた場合もあったが、ケンドやバトーニ（大部隊、もしくは小隊）のような非常に重要な宣誓は、真の兵士か偵察隊員のみが受けることができた。わたしは、自主的にバトーニを受けた。そのあと、マウマウに深く介入しているとの実感を強め、ケニアを解放することができるのはマウマウだけだと確信を持つようになった。宣誓によって機密が保持された。結局、宣誓がマウマウのメンバーを統合させたのである。ある特定の挨拶の仕方によって、私たちはお互いを認識した。遵守すべき一連の規則もあった。マウマウのメンバーとして、わたしは通算九回の宣誓を行なった(3)。

一九五二年から五四年まで、当局はマウマウに対して守勢を貫いた。非常実態宣言が出された二年後の五四年四月二三日、当局は「かなとこ作戦」を開始した[4]。父が逮捕され、ランガタ・キャンプに拘留された。のち、父はマッキンノン・ロードにあるキャンプに移され、最後はマニャニの第六キャンプに拘置された。そこから父は、「今、マニャニ・キャンプにいる。元気だ。この手紙を、ひとりの役人に託す。彼にわたしの衣類を渡してください。T・W・モニュア」という手紙を家族に書いている。

　非常事態が続くにつれ、状況は悪化した。動揺した植民地行政府によって人びとが無差別に逮捕された。マウマウの認定は、ほんのささいな嫌疑で充分だった。これが、黒人の植民地協力者を助長させ、何の証拠もなしに人びとが告発された。わたしは、この運動と何の関係もないのに告発された人を大勢知っている。こうして、中立を保つことが、難しくなっていった。そうした中、わたしの決意はこれまで以上に固まった。正義のために闘っているということに、確信を持てるようになったのである。こうした闘争初期の試練の時を乗り切ることに手助けしてくれた従兄弟《いとこ》のモイロレ・ワイヤキには非常に感謝している。長時間を共にする中で、彼はわたしの志気を鼓舞し高めてくれたからである。彼がカハワで逮捕され、裁判によって絞首刑になった時、わたしはどうしようもない喪失感を味わった。神が彼の魂に安らぎを与えたまいますように。

　わたしの闘争心は、ある日、ピーターというヨーロッパ人によって母が頭を打ち抜かれそうになった時、逆上せんばかりに燃え上がった。この事件は、わたしがケハロ川近くの菜園にいた時に起こった。小道を登ってきたわたしは、何かが起こったことを敏感に察知した。母のよろよろした歩き方を見て、わたしは涙がでた。キクユにいる県長官に訴えた方がよいというわたしの意見に、母は躊躇した。用心しなければ、と母は言った。「時勢が悪い」とも彼女は言った。わたしは、それで事を終りにしようとは思っていなかった。母が何もしないのならわたしがしようと思ったのだ。母は、ゾゴト宣教所のマクファーソン牧師に報告してはどうか、と提案した。わたしには、その提案を受け入れている時間はなかった。わたしにとって、彼らは皆、植民地主義者だったし、実際そうだった。母に告げずに、わたしはいそいで服を着替え、バス代として母の引出しにあった五〇セントを持つと家を出た。

県長官の事務所に着いたわたしは、おぞましい光景を目にすることになった。モーゴーガ付近で殺されたモコリノ(5)の説教師の遺体が運び込まれ、さらしものにされていたのである。ヨーロッパ人は、彼のドレッドヘアを見せるために、被り物を除去していた。そうすることによって、彼がマウマウのテロリストであることを無知な民衆に信じさせようとしたのである。その脇で、旅行許可を待つ人びとが、列をつくっていた。わたしは、その列を無視して長官の事務所に駆け込んだ。長官補佐のマーティンは、闖入者を快く思わなかった。しかし、わたしは、そんなことを構っている心境ではなかった。彼はわたしに向かってどなり、わたしは彼にどなりかえした。できる限り冷静にしようとは努めた。しかし、わたしは、殺されても構わないほど母への仕打ちに怒っていた。ホームガードが、脅かすようにわたしに狙《ねら》いをさだめてライフルを構えた。わたしは、撃ちたければ撃ったらよい、と思った。そんなことを気にしないほど、わたしは怒りに燃えていた。しかし、ホームガードの上司であるケアリエ・ワ・ワンバレは、撃てとの命令を出さなかった。県長官《シニアDO》ケンブルが、わたしを彼のオフィスに通すよう命令した。彼は、気を静めるようわたしに言った。そうすれば、落ちついて話し合いができる、と。わたしは、ピーターをケノーのホームガードの駐屯所から他に移すことを彼が了承したのを確認して、事務所をあとにした。幸運なことに、事務所を出たところでわたしは首長《シニア・チーフ》のジョシア・ジョンジョ・モガネとエリ・ジョンという名の警官にであった。この二人は、ピーターがこの地区から姿を消したかどうかを確認することを約束してくれた。ピーターは、アフリカ人を撃つ理由が見当らないと、山羊か羊を持ってくるように命じ、それを撃ち殺して初めて冷静にもどる、といったような精神病者だった。

その間、拘留されていた父に関する取り調べが進行していた。「犯罪捜査局」（CID）に所属する特別の警官たちが、夜間に何度も我が家を訪れては、父がマウマウの中で担っていた役割を証明する物件を探していた。しかし無駄な努力だった。ついに、父は釈放された。捜査中、わたしは植民地政府の警官とやりあわないよう自制することができなかった。そんなわたしの命を救ってくれたピーター・オコラに感謝している。警察隊で父の同僚だったオコラは、独立後、情報局長になった。父の留守中、私たち一家は苦しい日々を過ごした。収入がなく、兄弟たちはイギリスでの勉学を諦めねばならなかった。母は、プムワニ四九〇番地にある借家の家賃を徴収するために、危険をおかしてナイロビに汽車ででかけた。母はパス［移動の際、携行を義務づけられた許可証］を持っていなかった。それが発覚すれば、大変なことになったかもしれなかった(6)。また、私たちは、ブラック・ワトルの木を切り倒し、その木材と樹皮をモーゴーガ製材所に売って収入の足しにした。こうした困難な時期にあっても、わたしは、運動に積極的に関わっていた。驚くべきことは、母がそのことを全く知らなかったことである。母はキリスト教への信仰に夢中になっていて、周辺で起こっていることには気づかなかった。その上、安全策としてわたしはニックネームの「ワギオ」（後になって、「ムサジャ」という名に変えたが）という名を使っていた。そうすれば、わたしの本当の名前が漏れたり、マウマウの活動と結びつけられたりすることがないはずだったからである。

都市ゲリラとしての日々

わたしは一九五四年末頃までにマウマウ闘争に没頭するようになり、もはや村の普通の女の子の生活を送っているふりをすることはできなくなった。そこで、そうした状況下でとりうる最上の選択をした。つまり、ナイロビへの逃亡である。何も知らない母は、わたしが駆け落ちしたのだと思った。女の子にとって、それが、当時、家を離れる唯一の方法だったからである。母はわたしがいなくなったことを警察に報告した。逮捕される前の父が主任警部補だったこともあって、母は腕の良い探偵を紹介された。

私たちはキベラの隠れ家で、母と数人の警官がキベラ駅周辺でわたしを探しているとの情報を、スパイを通じて受け取っていた。だから彼らが隠れ家にやってきた時、私たちはすでにマカダラの別の隠れ家に向かっていた。

ナイロビで、わたしは専従のマウマウ闘士になった。初めは、総督秘書――現在の監査官《コンプトローラー》と同じ――を利用して、総督官邸《ガヴァメント・ハウス》（今日の大統領官邸《ステイト・ハウス》）から文書を入手するよう命じられた。これは容易な仕事ではなかった。そのためには、ありとあらゆる嘘をつき、虚偽の約束をしなければならなかった。言い寄ってくる男性もうるさかったが、本当の目的に気づかれないように、そこそこ友好的な関係を維持するようつとめた。その他、奉公人をマウマウ運動に引き入れるという任務も与えられていた。その家の銃器や文書を入手しようとする時、彼らは大いに役に立った。奉公人は、私たちが入りやすいようにドアに鍵をかけず、窓の掛け金をはずしておいてくれたし、主人の動静を探って有益な情報を流してくれた。時には、彼らの方が文書を入手しやすい立場にあったといってよいだろう。たとえば、主人が酔っ払っている時、私たちが欲しい文書がそこにあったとしたら、奉公人はそれを私たちに渡し、私たちはすばやくそれをコピーする、という具合にである。翌朝、主人が素面《しらふ》にもどるまでには、奉公人が文書の原本をもとの場所に戻しておくのである。私たちが入手したかった文書は、ロンドンの植民地省に送付されると思われる覚書のようなものであった。そのような覚書には、アフリカ人側からすれば間違った情報が含まれており、私たちがただちに新聞や公共の場で非難しなければ、植民地省は一方的な話を信じてしまうことになるからである。そうした奉公人のひとりに、総督の運転手をしていたムゼー・シューカがいた。ちなみに、彼の息子のピーターは、のちにサファリラリーの最優秀選手にもなった秘書官である。

ロイロで四回目と五回目の宣誓をしたのち、わたしは意を新たにして偵察活動と銃器や情報の収集の仕事に戻った。典型的なマウマウ偵察隊員には、若くて美しく着飾った女性がなり、男性がなることはめったになかった。女性は、かつらやさまざまな制服やブイブイ（ムスリム女性が着るカフタン風のドレスと頭巾）や化粧などによって変装できるからである。変装すると、偵察隊員は目的地に潜入し、その見取り図やその他のこまごまとした情報を集め、それを必要とする部隊に渡すのである。攻撃は、すばやく徹底的に行なわれた。わたしは、偵察中に数回逮捕された。しかしいずれも、わたしを告訴できる充分な証拠はなかった。たとえば、戦闘評議会にメッセージを渡すためにバハティに向かう途中、イスリーで逮捕された時のことを思い出す。法廷で罪状認否を問われたとき、証言に立った複数の警官がお互いに相反する目撃情報を提供した時のことである。ある警官は、わたしがふらふら歩いていたところを目撃したと言った。他の警官は、わたしの動きがマウマウの活動家のような動きだったと言った。わたしは、夜だったが、友人を訪ねてイスリーに行っていたのだと主張した。当時保護観察官で親戚でもあった故ジェミマ・ゲシャガ夫人も、わたしを釈放するために多大な努力をしてくれた。

ついに、訴訟は証拠不充分のため却下された。また、メリー・ニャマトという名前のホームガードが、イスリー事件とまったく同じような状況のもとでわたしを逮捕したこともあった。彼女は、わたしの年齢を知って同情し、放免してくれた。ただし、わたしを釈放する前に、彼女は、重いバナナの束をバーマ・マーケットからドンホルム・ロードまでわたしに運ばせたのである。

バナナの一件後まもなく、わたしは銃器を入手することのみを目的としたグループのリーダーに選ばれた。活動が激しくなるにつれ、銃器の需要が高まったからである。これは他のどの任務より困難だった。銃器は少なく、きわめて危険な仕事だった。わたしは、タクシーの運転手と独身女性の助けを借りることにした。彼らを何組かに分け、お互いに何をしているかが分からないようにした。それは、彼ら自身とマウマウ運動の安全のためであった。そうすれば逮捕された時に、他の人の活動を危険にさらす確率が小さくなるからである。わたしは、ほんの少しだけ心理作戦も導入した。イギリス人兵士たちは、長時間兵舎の中に閉じ込めておくことができない少年のようなものだということをわたしは知っていた。彼らは、簡単に魅力的な女性の誘惑にひっかかった。わたしは、そうした女性を戦略地点、主に兵士が頻繁に出入りするナイトクラブに配置したのである。

当時ヴィクトリア通りと呼ばれたトム・ボヤ通りにディナーズというバーがあり、たいへんはやっていた。着飾った女性たちが、夕方、このディナーズ・バーに到着する。煙草を吸い、酒も飲む。これは、兵士たちを前後不覚にするためだった。女性の方は、酩酊しそうになるとトイレに行って指を喉に突っ込んで吐くよう指示されていた。こうして、女性たちは兵士より醒めた状態を保つことができたのである。女性が宿舎に帰る時間になると、仲間の運転するタクシーが用意される。乗客を降ろすと、タクシーはあらかじめ決められた場所で待つのである。女性がその夜の獲物である銃や弾薬を携えて、いつ現れるかもしれないからである。同時に現金を入手することもあった。女性がタクシーに戻ると、すばやく逃走する。女性にとって、危険は大きかった。しかし、献身的な働きと正確なタイミングによって、ほとんどの作戦は成功した。そして、武器の備蓄は劇的に増えた。女性の中には、カハワやギルギルの兵舎まで兵士について行く大胆なものもいた。最初、わたしは心配したが、説明を聞いて、それを作戦に利用することにした。彼女たちは、兵舎で単なる売春婦として扱われたというのである。それこそ、私たちにはたいへん都合がよかった。武器を確保できれば、どんな方法も容認された。兵舎の警備は緩やかで、女性たちが妨害されることはなかった。こうして彼女たちはやすやすとハンドバッグに隠して銃（時には弾薬の詰まったベルトごと）を密かに運び出すことができた。わたしは、対決のための新しい作戦を考えたのである。結果は、イギリスからの新しい兵士の補充であった。しかし、ほんの数週間の間にほとんどが撤退してしまった。マウマウの戦士は、数十人で彼らを追い出したのである。わたしの部下たちは兵舎の中の情報をマウマウに送り続けた。そのため、常に兵舎の状況を把握しておく必要があった。

マウマウ・ガールスカウト

戦闘評議会は、わたしの働きに強い印象を受け、農村部の偵察という、より高度な任務をわたしに課した。それは、都市での偵察とはまったく異なり、ひとりぼっちの、しばしば危険をともなう任務だった。最初の任務は、攻撃の対象となっていたケルアラ警察署とカンダラ・ホームガード駐屯所の偵察だった。ブイブイで変装して、わたしはナイロビから汽車に乗った。わたしは色がそれほど黒くないので、容易に沿岸部の出身者として通用した。この印象を強化するために、意図的にブイブイを着たのである。ズィカで、わたしはズィカ警察署の警官をしていたカレンジン人の男性と落ち合った。彼は、手短にケルアラの状況を話すと、同じくマウマウ運動のメンバーであるカンバ人の郵便局員にわたしを紹介した。私たちは、暗号によってお互いを認識することができた。その郵便局員とわたしは、ケルアラを訪れ、状況を偵察した。わたしは、警察署の見取り図やスタッフの人数、武器庫の位置、攻撃に最適な方角についての詳細な情報を携えてロイロに行った。これらの情報は、そこからニャンダルアの森にいる上層部に伝えられた。このようにして、舞台は整った。ケルアラ警察署へのわたしの使命は成功し、マウマウは八人の警官を殺害した。

わたしは、カンダラに向かい、そこでホームガード駐屯所の攻撃のためのデータを集めたのち、友人の家に立ち寄った。友人の名は、カレン・ワンジコ。カレンは、不意に訪れたわたしを温かく迎えてくれた。彼女は、わたしがマウマウのメンバーだということすら知らなかった。しばらく身体を休めたのち、カレンとわたしはカンダラのショッピング・センターの散策にでかけた。しかし、予期に反して警備が厳しく、わたしはただちに逮捕されてしまった。要求された移動許可証を持っていなかったからである。皮肉なことに、わたしはホームガード駐屯所に拘禁された。カレンは警官と知り合いだったため、逮捕されなかった。それにもかかわらず、カレンはわたしを見捨てずにカンダラ中学校の校長に連絡してくれた。偶然、わたしと同じ地域の出身だった校長は、わたしの釈放に全力を尽くしてくれた。わたしは、カンダラからやってきた男が力ずくでわたしと結婚しようとモゼーガ［ワンボイの実家がある町］からわたしを誘拐したが、カンダラでわたしを捨てた、という作り話をした。カンダラのどこからやってきた男なのかと聞かれて、わたしが黙りこくってしまったので、ホームガードたちはあきらめてしまった。わたしの話には矛盾がなく、首尾よく彼らを信じさせることができた。少女誘拐事件は当時そう珍しいことではなかったからである。こうして、わたしは釈放された。ホームガードは、わたしに食べ物をくれ、ケフンブ゠イネに送ってくれた。

ケフンブ゠イネでわたしは深刻なトラブルに巻き込まれるところだった。というのは、ホームガード駐屯所で目撃したひどい虐待について、わたしが辛辣《しんらつ》に批判したからだった。わたしの話し方から、字が読めない戦士の間で「リーダー・ホームガード」として知られていたホームガードの頭《かしら》が、疑惑を抱いたのである。その地区の首長《チーフ》がいなかったら、わたしはひどく殴られていただろう。首長はケフンブ＝イネで出会った以前の級友ワンジル・ワ・ゲテイの家に滞在することをわたしに許可してくれた。今でも、彼女は、わたしがなぜ彼女の家を訪ねたのかを知らない。この首長は、わたしがナイロビに帰る段取りまでしてくれた。総督官邸《ガヴァメント・ハウス》で開かれる首長と反マウマウ指導者との会議に出席するガタンガの首長《シニア・チーフ》ドンゴ・ワ・カゴーリが、わたしに同行することになった。わたしの第二の使命はすでに終了していたので（わたしはカンダラのホームガード駐屯所にいた間に偵察を済ませていた）、それに同意した。ガタンガで、わたしは仲間の偵察隊員の何人かと出会った。彼らは、わたしがカンダラで逮捕され、尋問を受けたことを知っていた。わたしは手短に最近の出来事を彼らに話すとともに、この機に、カンダラ攻撃の最上の方法についての情報を伝えた。そして、今やケフンブ＝イネも同様であると……。

のち、マウマウ戦士が、わたしが偵察した場所を襲撃したこと、そしてケルアラ警察署で八人の警官を殺したことを知った。ケフンブ＝イネのホームガード駐屯所も襲撃したが、九三人もの白人兵士を殺害したカンダラの襲撃ほどには成功しなかった。彼らは、イギリス女王がマウマウ制圧のために派遣した部隊の一部だった。イギリス軍は、この敗北にひどく威信を傷つけられたため、死体を黒く塗って、九三人のテロリストを殺したとの声明を発表した。そして、これがこの事件の「公式見解」になったのである。

二、三日後、わたしは首長《シニア・チーフ》のドンゴとモホーヤ、それにゲズ（「スピーカー」と呼ばれていた悪名高いホームガード）に伴われてナイロビに向かった。全く考えの異なる三人と旅をしていると思うとおかしかった。彼らは、マウマウを撲滅しようとしており、わたしはこの運動に命をかけていたからである。総督官邸《ガヴァメント・ハウス》に着くと、彼らはわたしを車の中に残し、モゼーガまでわたしを乗せていってくれる車を探しに出掛けて行った。しかし、誰もすぐには戻ってこず、会議が始まるまでに、車を探せるとは思われなかった。わたしは何人かの仲間を、総督官邸《ガヴァメント・ハウス》の従業員として送りこんでいた。彼らは、わたしにスパイ用のカメラを渡してくれた。そのカメラというのは、マウマウの支援者だったユーゴのティトー大統領がわれわれに寄贈してくれた多くの物資のひとつだった。わたしは、会議に出席したすべての代表の写真を撮った。そのフィルムは、すばやく秘密の隠れ家にいる上司に届けられた。

会議が終わると、代表たちはレセプションに出席するためノーフォーク・ホテルへと向かった。ドンゴがレセプションのあとで、わたしを家まで送り届けるように代表のひとりにたのんでくれた。彼はわたしを車の中に残し、酒をのみにホテルに行ってしまった。車の中には、ロンドンの植民地省に送られることになっていた会議のノートと覚書の入った彼のブリーフケースが残されていた。マウマウ運動に対する非難が書かれているその覚書には、すべての代表が署名していた。わたしは、その書類をブリーフケースから取り出した。近くにいたタクシーの運転手と一緒に、わたしは大急ぎでキヴリ・ハウスに駆け込むと、それをコピーしたのである。

わたしがノーフォーク・ホテルに戻った時、件《くだん》の代表はほろ酔い機嫌で白人の女性とおしゃべりをしていた。彼は、わたしがしたことにまったく気づかなかった。モゼーガの自宅に戻るつもりのなかったわたしは、開口一番、他の人がわたしを家まで送ってくれることになったと嘘を言った。いそいで家に帰りたがっているふりもした。わたしをやっかい払いしたがっていることが、彼の表情からわかった。

マウマウの闘士は、キジャベ、アップランド、ナイヴァシャ近郊でめざましい勝利をおさめていた。ナイヴァシャの警察署を襲撃したグループのひとりは、母方の従兄弟《いとこ》のモイル・ワ・マンガラだった。彼はナイヴァシャで生まれ育ったので、地理に明るかった。襲撃グループは、偵察をわたしに委ねた。わたしは徒歩とバスでモーゴーガとアップランドを経由してナイヴァシャに向かった。警察署に着くと、わたしは知り合いの行政官に会いたいと伝えた。彼は転勤していていなかったが、その間にわたしの熟達した目は、建物の位置、とりわけ武器庫と思われる建物の位置を確認していた。偵察の際、襲撃に最適な位置や方角などを口頭で説明するのは非常に難しかった。それゆえ、紙に書くことが必要になった。しかし、証拠となるその紙は、ただちに破棄されねばならなかった。数学が嫌いだった学生時代より、わたしはずっとうまくスケッチしたり地図を書いたりすることができるようになっていた。皮肉なことに、いま、数学や地理学はわたしにとって重要な教科となったのである。

わたしが提供した情報をもとに行なわれた植民地政府所有の軍事施設への襲撃は、それまでの最大規模のものとなった。それは、「ナイヴァシャの大襲撃」として有名になり、今でも多くの人が記憶している。白人とその協力者が大勢殺された。彼らが、襲撃されることに全く気づかなかったからである。戦略的に有利な地点を占拠したモイルの手で、多くの人が殺された。何の警戒もせずに彼の罠に飛びこんだ者が、次々に殺されたのである。のち、モイルは逮捕され拘留された。戦闘は警察署の管轄区域から近隣に広がった。その結果、リフトヴァレーに住んでいた多くのスクォッターが、スパイ活動を通してマウマウ運動に加担したのではないかとの嫌疑から、のちに遠方の地域に追放されている。

偵察の仕事は、簡単ではなかった。戦闘評議会は、偵察活動ぬきに戦闘に勝利できないことを知っていた。すでに言及したように、偵察の仕事はさまざまな理由から女性に限られた。一般に、女性は政治に介入しているようには見えなかったし、状況に応じて変装することができたからである。戦闘中の偵察の仕事というのは、本物のスパイ活動か、もしくは命にかかわる情報の伝達やある場所から他の場所への貴重な物資の運搬だった。偵察隊員は、武器の管理も任されていた。一方、スパイの仕事は、マウマウの戦士が襲撃しようとしている地域に行って重要な情報を収集することだった。そうした場所が、警察署やホームガード駐屯所の近くのこともあった。スパイ活動をまかされた者は、まず友達をつくり、付近を出入りする人を探り、状況判断をせねばならなかった。警官は大酒のみかどうか。あるいは、女性に弱いかどうか。何時以降、誰なら安全か。何人の警官やホームガードが、何時以降残っているのか。こうした些細な情報が集められ、戦闘評議会に報告された。しかも報告は正確さを要求された。小さな間違いが、多くの戦士たちを失うことに直結したからである。偵察隊員こそが、何人の襲撃隊員が必要か、どのくらいの武器が要るのか、どの方角から攻撃したらよいのか、まずいことが起こった時にどの方向に逃げたらよいか、といった襲撃全体の準備をしたといってよい。退散の際に集合する場所を決めたのも偵察隊員だった。それは、絶対に見つからない隠れ家でなければならなかった。計画が失敗すると、結果は悲惨だった。そんな時、計画に携わった特定の偵察隊員が非難される。

＊　＊　＊

読者は、わたしの話から、偵察は易しい仕事だと思われたかもしれないが、そうではない。予測不可能な落し穴がいたるところで待っている非常に危険な仕事だった。偵察隊員にとって、一日一日が勝負だった。ひとつ行動を間違えれば死が待っていたからである。たとえば、ナイロビのコージャ・モスク［イスマイリア派のインド人ムスリムの寺院］付近で、警察のスクリーニング（検問）隊にでくわしたことがある。その時、わたしはこわれた銃を修理するために運んでいた。無許可の銃器を所持していると、間違いなく死刑だった。わたしの機転が、わたしを救った。わたしはどうにか冷静さを保てたので取り調べを受けなかった。完璧に、何も知らない若い女性であるかのように装ったのである。わたしの明るい皮膚の色も手伝って、いつもこのやり方でわたしは身元を隠すことができた。ゴア人(7)のように見える女性を、いったい誰がマウマウの活動家だと疑っただろうか。しかし、死刑にされたかもしれない経験をしたことで、わたしの心はかなり動揺した。

高い志気を維持するのも簡単なことではなかった。うまくゆかないことは、たくさんあった。闘いを続行することにどんな意味があるのかと、自問自答することもあった。裏切られるのは、簡単なことだったからである。注意深く、苦労して計画したことが、最終段階で反逆者によって妨害されることもありえた。そんな時、裏切りを画策している人たちのために、なぜ私たちが解放闘争をしなければならないのかと、空しくもなった。裏切者は、アフリカ人はまだ自立する準備ができていないという植民地主義者が当時よく口にした主張を支持していた。敗北、空腹、意気消沈、絶望などを感じた時にはいつも私たちはマウマウの解放歌をうたって元気をだした。特に試練に直面した時など、歌は志気を高めるのに効果があった。ここに紹介するマウマウ解放歌は、とりわけ志気昂揚に役立った。マウマウのメンバーだった時に身につけたこうした力の源泉は、その後もわたしの支えになった。試練の時をどのようにして生き抜いたのかと、不思議に思われる方もいるだろう。その秘密は、全能の神への祈り、解放歌、ゆるぎない決意にあった。私たちは失敗をしないよう、唯一の保護者であるケニア山の神に祈った。

志気を高めるもうひとつの方法は、行なっていることを信じ、罪の意識を持たないことである。闘争の理由が正しいと信じるならば、神がそれに必要な力を与えてくれるからだ。その他の方法としては、苦境が最高潮に達した時、何かに関心を集中することである。そうすれば、誰も足をひっぱることはできない。わたしは、編物に興味を持った。また、非常事態期間中、幼い子供たちと一緒に拘留されていた時には、子供たちの衣類を縫うことに専念した。拘留中、わずかな小遣いで材料を購入してもらい、わたしは衣類をつくり続けたのである。

マウマウ闘争期間中の子育ては困難をきわめた。解放闘争の戦士、偵察隊員、中枢組織のメンバーとして、わたしはいつ裏切られ、逮捕され、殺されるかわからなかったからである。わたしには一九六〇年以前に生まれた三人の子供がいた。政治活動を行なっていない時には、子供たちの世話をした。母と乳母も、わたしの子育てを手伝ってくれた。わたしの婚約者——彼とは十年もの間婚約していた——は、養育費を支給してくれていた。結婚が遅れていたのは、義理の祖父が反対していたからだった。わたし自身も、労働組合のタイピストの仕事で収入を得ていた。暇があれば、本屋の店番もした。長い間、わたしは父が所有していた貸家にただで住まわせてもらっていた。母は、ケアンブーの農場で採れた食料をナイロビまで届けてくれた。こうした支援なしに、わたしは子供たちを育てあげられなかっただろう。義理の祖父が賛成すれば、わたしたちは結婚するつもりだった。このような同棲生活は、わたしが逮捕され、ラム島の拘留キャンプに拘置されるまで続いた。

ラム島に拘留される前も後も、わたしのマウマウ闘争の日々に力を与えてくれたのは解放歌だった。わたしが最も力づけられた歌は、「嵐が荒れ狂った時」と、「信頼と服従」というゲコヨ語の讃美歌だった。わたしはプレスビテリアン教会の一員として、神とその息子ジーザス・クライストを信じており、その信仰を捨てることはなかった。

歌（ニンボ）

ある日、カロレニ・ホールで
会合があった
彼にこう語ったのはケニヤッタ
あなたを送り届けたのは民衆なのだと

すると、ビヨが立ち上がって
それに賛同の意を表した
歓喜の口笛と拍手が
パチンコのようにはじけた

ケニヤッタは民衆に語りかけた

見せたい写真があると
それを見れば、民衆は心の奥底を知るにちがいない
民衆がこれまでやってきた仕事の

ケニヤッタは民衆に語りかけた
民衆の努力を二倍にしたいのだと
そうすれば、民衆の従僕《サーヴァント》であるアチエングは
ビヨに従うにちがいない［そして彼を代表に加える］

空港はどしゃぶりだった
しかし民衆はじっとがまんして
待ち続けた
ビヨが飛行機に乗るまで

飛行機にのっていくのは誰
民衆が見守る中で
彼こそコイナンゲの息子ビヨ

彼こそわれわれの代表

次の歌は、ケニア山に向かって祈りを捧げる時に歌われた。

電話が鳴った
ゲゾンゴリからだ
ジョモ・ケニヤッタが訊ねる
到着したかどうか、と
私たちは答える、唯一の気がかりは
埋葬された時のジョセフィンのこと(8)

(コーラス)
真摯に祈り、真摯に称えよ
私たちの父と同じ神なのだから

ひとりの少女が死んだ
おなかがガスでパンパンに膨れていた

キリンの肉を食べたあとで
ひとりのヨーロッパ人がやってきた
鍬とシャベルを持って
皿を埋めるように彼女を埋めた

誰からも愛されていたケニヤッタ
祖国の救済者
神よ、彼に祝福を与え続けたまえ
子供の導き手ビヨ
祖国の救済者
神よ、彼に祝福を与え続けたまえ

ケニヤッタは称えられた
子供や女性によって
彼らが（ヤッタにある）刑務所に連行された時
わたしは愛を目の当たりにした
子供や女性からの

豆が落ちれば
彼らはそれを平等にわける

三番目の歌は、ある襲撃を記念したもので、わたしにとって重要なものだった。というのは、わたしもその計画に参加していたからである。わたしの任務はたいしたものではなかったかもしれないが、それなくして、襲撃がスムーズに実行されなかったことは確かである。それは、次のような歌である。

（コーラス）
出発する時、私たちは幸せだった
帰ってきた時、私たちは幸せだった
私たちの旅は素晴らしかった
出かける時も
帰る時も

黒い川に着いた時
私たちは小柄なひとりの老人に出会った

彼は、泣き叫ぶぞと脅迫した
マゼンゲ将軍は言った
泣き叫ばせておけ
銃弾で泣かせてやれ
さらに進むと
私たちは一頭の死んだ山羊を見つけた
マゼンゲは言った
それを食べてはいけない
呪われないために

ロケーション・ワンに到着すると
子牛が私たちのために殺された
それは、茹でられて
愛国者にも配られた
空腹を満たすために

（1）　ビヨ・コイナンゲはフリーダム・ファイターであり、一時期「ケニア・アフリカ人同盟」（KAU）の議長をしていたこともある。彼は後にその書記長になった。また、「キクユ中央協会」（KCA）のメンバーでもあった。一九五二年一〇月に戒厳令がしかれる直前に「ケニア・アフリカ人同盟」は窮状を訴えるためにビヨをロンドンの植民地省に派遣した。戒厳令のために彼は、ケニアに帰国することができず、亡命生活を余儀なくされたが、後にパン・アフリカ会議の仕事のためにガーナに移住した。

（2）植民地主義者と彼らに協力していたアフリカ人たちは彼女の家に押し入り、そこで激しい戦闘を繰り広げ、双方に多大な負傷者を出した。ワイリモは、独立後、高齢で死亡。彼女は、当時ダゴレッティ選出の国会議員であったジョロゲ・モンガイ博士によって丁重に葬られた。

（3）【編者注】宣誓の伝統的な意味とマウマウ反乱におけるその役割については、Kershaw, pp. 223–226, 264–268, 311–320 を参照のこと。

（4）「かなとこ作戦」は、一九五四年四月二三日の早朝に始まった。ナイロビ、セントラル州、リフトヴァレーのゲコヨ人は逮捕され尋問された。多くがランガタ刑務所内のランガタ・キャンプに収監された。エンバカシに連行された者もいた。彼らはそこで飛行場建設に従事させられた。拘留キャンプはパイプライン作戦の一部で、人びとはそこで尋問後の結審を待つ間、拘留されたのである。裁判なしに、何千人ものゲコヨ人がマッキンノン・ロード・キャンプやマニャニ・キャンプに送られた。後に、捕虜（メグアーテ）はケニア中のさまざまな拘留キャンプに移送された。また、故郷に送還された者もいた。ホワイト・ハイランドのスクォッターだったり、土地を持っていなかった人びとは、ケアンブー県に移送され、置き去りにされた。（マアサイランドの）オレングルオネからの人びとは、カンバ地域である東部州にあるヤッタに追放され拘留された。

（5）モコリノという信仰集団は、いくつか独特な信念を持っていた。そのメンバーは治療のために病院にいくことはなかった。ターバンを巻き、髪を伸ばしてドレッド風に結っていた。握手を拒み、伝統的信仰を維持し、ケニア山に向かって祈りを奉げた。祈禱中、ドラムを叩き歌をうたった。彼らは予言者であり、神と直接コミュニケーションを取れると主張した。

(6) 戒厳令がしかれる前、アフリカ人は県外に出る時にはパスの携行を義務づけられた。戒厳令中、パスの規制は厳格になった。パスブック、あるいは旅行許可証が、刑務所に入れられている者や移動を制限されている者を除くすべてのゲコヨ人に発行された。パスブックなしには、決められた場所しか訪問したり住んだりすることはできなかった。移動できる範囲を越えた場所での親族の葬式に出席する時には、役所から特別な許可を入手せねばならなかった。

(7) 一般的に、ゴア人はゲコヨ人より膚の色が白い。

(8) ジョセフィンはケニア教員養成校ゲゾンゴリの生徒だった。

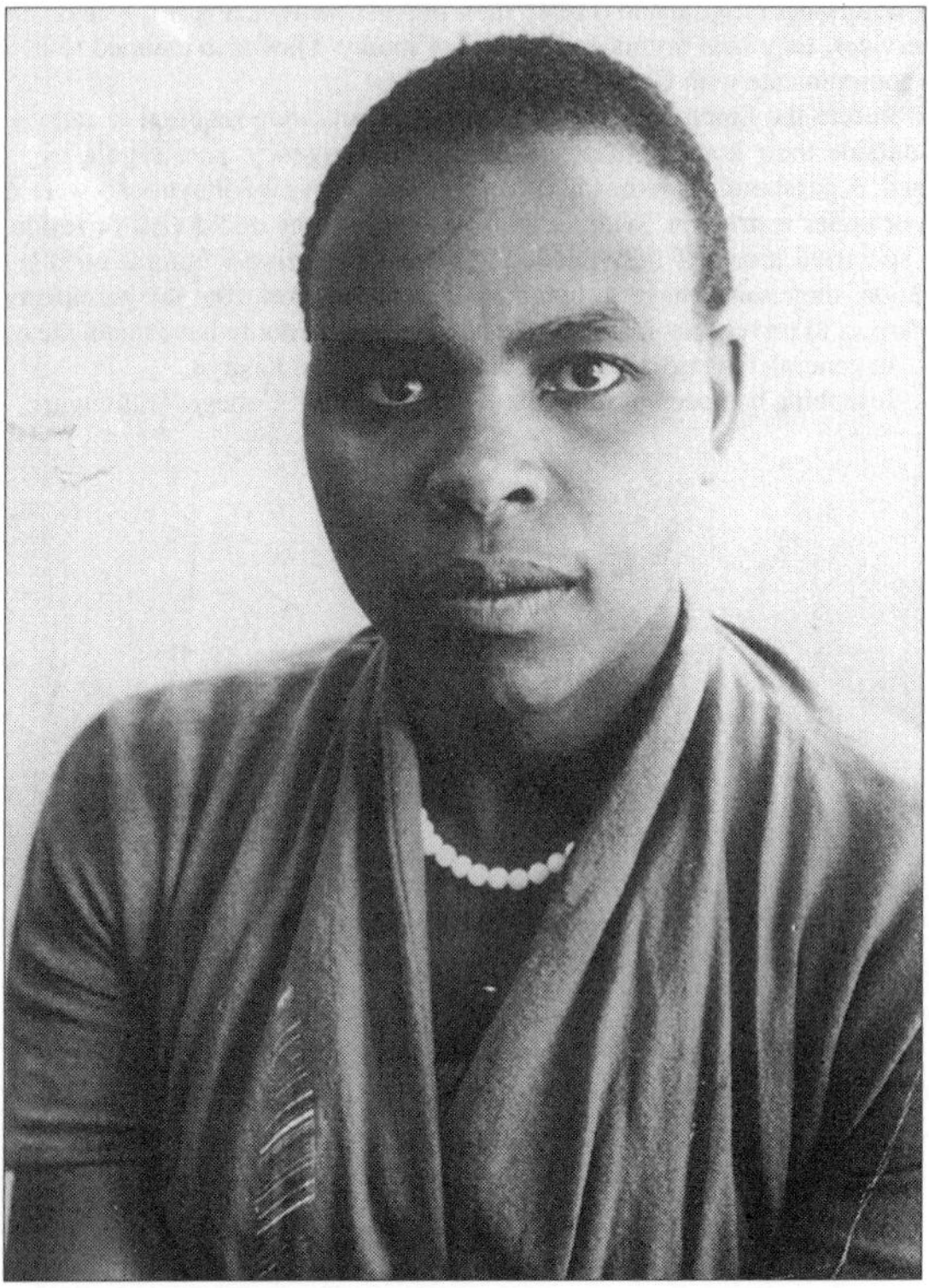

ゲリラの制服を着たワンボイ（1955年）
── 偵察隊員時代 ──

第四章　ナイロビの政党政治

マウマウ運動に関わった人物を捜査し逮捕するために、治安部隊《セキュリティ・フォース》と政府の役人たちは、運動に関わったと思われる人びとの一斉検挙を計画した。その一環として導入されたスクリーニング（検問）では、警察による尋問が行なわれた。これに引っかかった人は、出身地域のさまざまな人から構成された法廷で、何回も尋問された。スクリーニング委員会《コミティー》の議長には、その地域の首長《チーフ》が任命されることもあった。一連の尋問は、宣誓に参加したかどうかをつきとめ、宣誓を受けたり運動を支援したその他の人物の情報を探り出すことを目的としていた。それは、法廷での反対尋問に非常に似ていた[1]。

一九五五年、わたしは逮捕され、ワイザカにあった首長《チーフ》のキャンプに連行された。そこでは、わたしの出身地域の人びとで構成されたスクリーニング・チームがスクリーニング会議《セッション》を開いていた。わたしもスクリーニングにかけられたが、義理の祖父ベンジャミン・ゲズィエヤ・ワイヤキ牧師のおかげで釈放された。しかし、釈放される前、「宣誓を受けなかったと考えられる」という証明書が発行された。これが、その後のわたしの任務に大いに役立った。わたしはパスブックを手に入れ、前より自由にナイロビ周辺を動けるようになったからである。しかし夜間、パスブックの保持者は、証明書に記載された地域に留まっていなければならなかった。だが、わたしはゲコヨ人の容貌を偽ることができる薄い肌の色を利用したりして、この非常事態令をたびたび無視した。ある時、わたしはこの規制を無視して逮捕されたが、指定区域からさほど遠くはなかったため、二五〇ケニア・シリングの罰金で放免された(2)。

マウマウと労働組合との連携

一九五五年までにマウマウ作戦は困難な状況に陥っていた。ほとんどのゲコヨ人が拘留されたり、投獄されたり、あるいは移動を制限されたりしていた。集められた資金のほとんどが、弁護士料や仲間に科された罰金の支払いに消え、作戦のための資金が減少した。この状態が、作戦を継続させるための新たな戦略を生み出した。まず何人かが労働組合運動に参加した。それが、一九五五-五七年には解放闘争の活動の主流となった。運動のメンバーが多様化したのはこれ以降のことである。労働組合運動を通して、他の民族が大挙して合流し始めたからである。アジア人やヨーロッパ人もかなりの人数が解放運動に参加した。マウマウの宣誓を受けた人はわずかだったが、誰もが一生懸命働き、あらゆる面で私たちに協力してくれた。レディー・ショウ、S・V・クック、R・S・アレグザンダーといったヨーロッパ人も立法評議会で正義の主張に光をあてる手助けをしてくれた。ケニア最高裁判事のシェイク・アミンや、シュリ・ゴウタマやシュリ・デザーイも植民地主義に対するわれわれの闘争を支援してくれた。わたしは、本屋を経営していたマヌーバーイ・パテール夫妻のようなアジア人がデモや集会があるといつもムゼー・ケニヤッタの肖像を運ぶ役を引き受けてくれていたことを忘れない。パテール夫人は、夫とともにケニヤッタとその仲間の釈放嘆願書への署名をアジア人から集めてくれた。彼らは武器こそ手にしなかったが、大規模なデモや集会やボイコット運動を組織してくれた。

私たちは、「ケニア労働連盟」（ＫＦＬ）の本部のあるアルヴィ・ハウスを拠点にデモやボイコットを組織した。提携している組織を通して、ケニア労働連盟は私たちが活動を組織する手助けをしてくれた。こうした支援は、ケニア労働連盟の議長トム・ボヤにとって危険だったが、それにもかかわらず、彼は、自分のオフィスで私たちが政治活動を続けることを許可してくれた。しかしアフリカ人の労働組合の中には、労働組合のもうひとつのオフィスのあるキヴリ・ハウスが政治的な拠点として使用されるようになる前から、ナショナリストと一緒に行動していたものもあった。ケニア労働連盟の名前で密かに作戦を実行していた時、私たちは、女王エリザベス二世の妹であるマーガレット王女がケニアを訪問することを新聞で知った。植民地政府は、この訪問を大きな国家的かつ社会的出来事として喧伝《けんでん》し、政治的プロパガンダのために利用しようとした。ケニア人はあと一五年間はウフルー（独立）を望んでいないと記した政府の覚書が提出された。ロクサナ・カラ、ローダ、ムーサ・ニャンドゥスとわたしは、その覚書を否定するパンフレットのコピーをつくるため、一晩中、アルヴィ・ハウスのオフィスで仕事をした。パンフレットの配布は、イギリス当局をひどく怒らせた。王女が姉の女王に影響を与えるかもしれないと考えたからである。当局は、マーガレット王女を歓迎する歌をうたわせるために、沿岸部からケニア人のミュージシャンを呼び寄せて音楽隊を組織していた。

マーガレット王女
若いレディー！
ようこそ、シスター、ケニアの地へ
マーガレット王女
若いレディー！
ようこそ、シスター、ようこそ

この歌の代わりに、私たちは、同僚がつくった替え歌のウフルー歌を、マーガレット王女と総督が聞き間違えることのないよう英語でうたった。そこには、次のようなメッセージが込められていた。

軍隊に呼び出されても（三回繰り返し）

わたしは決して屈服しない
わたしは決して、決して、決して、決して、決して
決して、決して、屈服はしない（二回繰り返し）
幹線道路においても、間道においても（三回繰り返し）
わたしは決して、決して、屈服しない
わたしは決して、決して、決して、決して、決して
決して、決して、屈服はしない（二回繰り返し）

感情的にうたわれたこの歌のせいで、王女の歓迎は台無しになった。これがフィクションではないことを、わたしは読者に保証する。こうした反政府活動は、一般民衆に大きな苦難をもたらした。多くの人が障害者となり、多くの人が死んだ。何人かの作家が、フリーダム・ファイターを政治的な煽動者のように描いているのを読んだ時、わたしの心は傷ついた。フリーダム・ファイターは、国を解放するための闘いに命と時間を捧げた人びとだったからである。

以後、植民地当局は、私たちの闘争が危険であることに気づき、民族の分割統治という常套戦略を用いることを決めた。当局は王女を利用したプロパガンダが失敗したことを知るや、たとえば、ゲコヨ人は人肉を食べ女性や子供を殺すといった作り話を流し始めた。しかし、このような戦略もまた失敗し、他の民族がゲコヨ人と肩をならべて戦列に参加するようになったの

である。結局、政府は政党の認可と登録に同意した。そのひとつに、シエド・M・アーグィンス＝コセックを初代党首とする「会議党」があった。「アジア人会議」はすでに結成されていた。このふたつの政党は、互いに密接に連携して活動を始めていた。しかし、多くのアフリカ人は、「会議党」が任務を正当に遂行していないと考えるようになった。当時、アーグィンス＝コセックは、弁護士のライセンスを取り消されており、この個人的な問題のせいで、党を強化することができなかったのだ。強力な政党を形成するためには、リーダーは政治活動に専念しなければならなかった。それは、常に投獄と背中合わせの状態にあることを意味した。さらに、アフリカ人がまだ選挙権を与えられていなかったということも考慮すべきであろう。立法評議会におけるアフリカ人の代表は、政府が任命したメンバーに限られていた。その中には、エリュウド・マズ、ジョン・モシュラ、ジェミマ・ゲシャガ、オレ・タメノの辞任後に任命されたダニエル・アラップ・モイがいた。(3) 中には、私たちの要求を支持しようとしたメンバーもいたが、人数があまりにも少なく、しかも意見が割れていた。植民地構造の中では、任命されたメンバーの権限はきわめて限定されていた。もちろん、その中には、民衆の動きを無視して、イギリスに加担する者もいた。独立後のケニアも、同じ状況にある。一二人の任命議員がこのカテゴリーに入る。議会メンバーの任命権を持たない会議党は、こうして分裂しはじめたのである。

会議党が分裂すると「ケニア労働連盟」が再び闘争の舞台となった。その議長だったトム・ボヤは、農民の子であり、信頼のおける偉大なアフリカ人であった。わたしは彼の解放闘争への取り組みを絶大なる尊敬の念をもって思い出す。のちにトムは、わたしを含む数人の同志とともに、「ナイロビ人民会議党」（ＮＰＣＰ）と呼ばれる政党を結成することを決意する。同党は、一九五八年に登録された。この政党の結成後にやってきたケニアの政治ブームについて語ることができる時が、今ようやくやってきた。この党の名前は、クワメ・ンクルマに率いられたガーナの「会議人民党」に因んでつけられた。すでに言及したように、イギリス当局には選択の余地はなかった。最後の手段として、当局は全国的な政党の登録を拒否し、県ごとにひとつの政党を登録させることに決めた。多くの民族が解放闘争に参加したため、闘争は過激になっていた。ほぼすべての民族がひとつになってケニアの独立にむけて闘った。わたしは、これ以前に、他の民族が何の活動もしていなかったと言おうとしているわけではない。たとえば、ナンディ人の反乱や、アラブ人に抵抗したオティエノ・ランダー（ルオ人）、イギリスに抵抗したギリアマ人（メカタリリによって率いられた）やオロナナ・オレ・ギリグショ、オレ・マセコンデ（ともにイギリスに抵抗したマアサイ人）を挙げることができる。また、「ルオ・スリフト・トレーディング・コーポレーション」もさまざまな抵抗を行なっていた(4)。ゲコヨ、エンブ、メルといった諸民族もアラブ人やインド人やイギリス植民地主義者のいずれかに対する抵抗を展開していたが、今度の蜂起は、自由、すべての拘留者の釈放、特にムゼー・ジョモ・ケニヤッタとその仲間の釈放、土地の返還を目標としていた。しかし、これらはイギリスにとって譲歩できない目標だった。ナイロビ人民会議党の登録後、ヨーロッパ人は小さな県レヴェルの政党の登録も認めた。こうしてジャラモギ・オギンガ・オディンガに率いられた「ニャンザ県協会」や、ゲコニョ・ケアノ博士を代表とする「フォート・ホール県協会」などが誕生する。こうした政党の指導者は、特定の要求を掲げて統一戦線を組もうと模索していた。

ナイロビ人民会議党の活動

ナイロビ人民会議党の指導者は、トム・ボヤ、ジョセフ・マゼンゲ、アルフレッド・アケッチ、J・M・オヤンギ、ムーサ・ニャンドゥス、ナーザン・アイエーザ、アーサー・オチュワダ、ドリカ・ワガナ、セーラ・ワンゴイ（女性部のセクレタリー）、ロイス・ワンゲシ、ハンナ・ワンジコ・コンゴ、サミー・マイナ（女性部の書記《セクレタリー》で、モニュア・ナオという名前でも知られている）、そして、わたしであった。私たちは、学校やホテル、病院、住宅地における人種隔離に反対する闘争を展開した。ナイロビ人民会議党のもっとも重要な運動は、ムゼー・ジョモ・ケニヤッタを含む英雄たちの釈放を取りつけることであった。ナイロビ人民会議党は、マウマウと密接に連携をとりながら活動していた。もっとも指導者たちはそれを注意深く隠していた。女性は、ナイロビ人民会議党の女性部を組織するために積極的な役割を演じた。「ケアンブー女性教育協会」や「キクユ福祉協会」のような他の組織が再興され、ナイロビ人民会議党の指令のもとで密かに活動を開始した。

ナイロビ人民会議党の女性部議長ママ・ドリカ・ワガナは、腕利きの指導者だった。彼女の指導力は、見事だった。彼女がルオ人だったということが、女性部は政党の仮面を用いたもうひとつのマウマウだという植民地主義者の非難を打ち消してくれた。植民地主義者のプロパガンダは、繰り返し、マウマウがゲコヨ人の常軌を逸した運動であり、他の民族はイギリスに忠実だと主張していたからである。女性部は、その他にも複数の民族の出身者からなる強力な指導者とメンバーを抱えていた。たとえば、ロクサナ・カラやローダといったカンバ人の女性、プムワニにすんでいたカレンジン人の女性、ナイロビのカロレニ団地《エステート》に住んでいたケニア西部出身のルヒヤ人の女性ママ・ウフル、ゲコヨ人の解放軍闘士ハンナ・ワンジコ・コンゴなどである。ロクサナやローダたちはイギリス人の役人に不安を感じさせた。彼らは、いろいろな民族の女性が参加すると、状況を把握できなくなることを知っていたからである。セーラ・ワンゴイが勉学のためにヨーロッパに旅立ったのち、わたしが女性部の書記《セクレタリー》に選ばれた。ママ・ロイス・ワンゲシとハンナ・ワンジコ・コンゴもまた女性部の重要なポストに就いていた。女性部の任務は、デモを組織することだった。そのほとんどは、ムゼー・ケニヤッタの釈放を目的としていたが、その他にも、「ジム・クロウ・アクション・グループ」の指揮のもとでホテルの施設などにおける白人を優先するカラー・バーや隔離に反対したり、タンガニーカの同志ジュリアス・ニエレレやウガンダの同志ミルトン・オボテ、あるいは植民地支配に対する闘争に東アフリカ人を糾合しようとケニアを訪れるその他の要人を歓迎したり、デモでプラカードを掲げたり、スピーチをしている植民地の役人に腐った卵やトマトを投げつけたりした。また、植民地主義者に感づかれないように、バスケットの中の野菜やトウモロコシの食品の下にかくして基金を集めたり密かに運んだりもした。さらに、森に隠れていたマウマウ戦士に食料や衣類を運んだり、植民地軍や銃・弾薬の所持者から武器を入手して、森の戦士に届けたりもした。

わたしと同志たちは、機関誌『ウフルー』を出版したり、プラカードを書いたりしてアルヴィ・ハウスのオフィスに夜な夜な泊まりこんだ。プラカードづくりはわたしに任された仕事だった。外国に出かけたり帰国したりする使節の代表や、ケニアを訪問する要人を出迎えたり護衛したりするのもわたしの任務だった。ローデシアから帰ったロイ・ウェレンスキー卿に反対するデモを鉄道の駅で行なったこともある。(5) その時、どのようにして腐った卵を投げつけ、「ローデシアの悪魔、ロイ卿、帰れ！」、「イギリス帝国主義、くたばれ！」、「イギリスの覇権、くたばれ！」、「ジョモ・ケニヤッタはわれわれの指導者！」、「ジョモ・ケニヤッタを釈放せよ！」、「祖国の父よ永遠なれ！」、「イギリス支配と植民地主義、くたばれ！」、「植民地主義者よ去れ！」といったプラカードを掲げたかを、わたしはよく覚えている。私たちは、こうした機会に歌をつくったりうたったりすることが、運動にとって非常に重要であることに気づいた。聖歌隊によってうたわれる歌は、とても感動的で、宣誓を受けたあとや、フリーダム・ファイターが使命を果たす時に感じたと同様の感情を生み出した。

たとえば、一九六〇年、ブリッグス大佐がイギリスから戻った時のことである。ブリッグスは、対マウマウ闘争で、私たちの間では悪名高い人物だった。非常事態期間中、彼はアフリカ人の拘留や行動の制限に重要な役割を担っていた。政府によってロンドンの植民地局に派遣されていたそのブリッグスが帰国した時、例によって、私たちは飛行場でデモを行ない、宣伝目的で彼を笑い者にしたのである。当時、わたしはラム島に拘留されていたため、ハンナ・ワンジコ・コンゴが女性部の書記代理《セクレタリー》としてデモを統率した。女性たちは、腐った卵とトマトをブリッグスの顔めがけて投げつけた。背の高いブリッグスの妻が、非常に怒って、ワンジコの顔を殴りつけた。背が低く元気いっぱいのワンジコは、ブリッグス夫人にあちこちで攻撃をしかけた。ものすごい対決だったという。ワンジコはブリッグス夫人を殴り倒した。逮捕される瞬間、彼女はブリッグス夫人の顔を殴っていたのだ。逮捕されそうになった時、ワンジコはブリッグス夫人をぶちのめすために五分間だけ猶予してくれるようにたのんだという。翌日、ワンジコは法廷で、平和を乱した罪で有罪の判決を受け、カメテ刑務所で三カ月間服役した。その後まもなくブリッグス大佐はケニア北部での飛行機事故により命を落とした。解放軍の聖歌隊は、即座にスワヒリ語で歌をつくって彼の死を祝った。この歌は、もうひとりの救いがたい入植者マイケル・ブランデルと、カペングリア裁判でジョモ・ケニヤッタについて虚偽の目撃証言をしたローソン・ボーグア・マシャリアについても言及している。

ブリッグス大佐が死んだ

解放の母を投獄したあとで

(コーラス)
彼の時代は終わった——今!
彼の時代は終わった
解放の母を投獄するなんて
ブランデルは狂っている——
ブランデル
このブランデルは狂っている
彼はここケニアに住みたいと思っている

(コーラス)
彼の時代は終わった——ブランデル!
彼の時代は終わった
イギリスに帰れと言われて
その金はマシャリアに与えられた——お金
その金はマシャリアに与えられた

それで、ブランデルは頭が痛くなった
これらのヨーロッパ人は考えを変えた
ヨーロッパ人!
これらのヨーロッパ人は考えを変えた
彼らは、今やケニアに住みたいと思っている

彼らの時代は終わった——今!
彼らの時代は終わった
家に帰れと言われて
ボヤ博士は今日言った——ボヤ!
われわれは今旅に出る
ロードワに(ケニヤッタの釈放を要求するために)

ある時、わたしはウフルー・バンという名前でよく知られていたミニバスで、現在一般にボヤ・ホールと呼ばれているマカダラ・ホール近くのアウター・リング・ロードを走っていた。バスのマイクロホンを使って、私たちは人びとに呼びかけた。ジョモ・ケニヤッタとその仲間の釈放を要求するために通りにでてきてください、そして総督官邸《ガヴァメント・ハウス》に行きましょう、と。この

宣伝は、アジア人を含む何千という人びとの注目を浴びた。また、女性部のリーダーをしていた時、わたしは何千人もの男性が参加したデモを企画したことがある。デモ隊がカロレニに到着した時、数台の警察の車が催涙弾を携えてやってきて、私たちを追い散らそうとした。しかし、群集があらゆる方角から押し寄せてくるため統制が難しいと判断した警官と暴動鎮圧部隊は、わたしとジョセフ・マゼンゲに平和的に行進するようにたのんできた。わたしは、平和裡にケニヤッタ釈放の要求を行なっているのだと返答し、警官に解放スローガンを叫ぶよう命令した。彼らはイギリス人の上官だったので、その歌を口にすることは苦痛だったが、危険を察知した彼らは、わたしのあとに続いて「自由とケニヤッタ」、「自由とわれわれの土地」、「白人の総督はいらない」と連呼した。彼らにとって、とても耐えられない経験だったと思う。人びとは、彼らを非難する歌をうたった。総督官邸《ガヴァメント・ハウス》に近づくにつれ、他のリーダーたちもデモに加わった。こんな時にうたわれるのは、「ジョモ・ケニヤッタの釈放を求めにガヴァメント・ハウスに行こう」という歌だった。(6)暴動鎮圧部隊は、現在ヒルトン・ホテルが建っている場所にあった「ケアロ・ケモエ」(「ひとつのトイレット」)にデモ隊が着いた時に到着した。催涙ガスが撃ちこまれたが、総督官邸《ガヴァメント・ハウス》まで行進し続けた。催涙ガスによって目がヒリヒリするのを防ぐため顔にかける水を持っていたからである。このようなデモが数回行なわれ、ある時は二〇万、ある時には三〇万もの、さまざまな民族の人びとが徒歩で参加した。空港で代表団を護衛したり、代表団を出迎えたり、あるいは「ジョモ・ケニヤッタ釈放のキャンペーン」を支持するためだけに……。

このキャンペーンを強化するために、ケニヤッタ釈放の請願書に署名を集めることが決定され、わたしもこの企画の責任者のひとりになった。もし、アジア人やアラブ人やヨーロッパ人の署名が集まれば、より効果的だと私たちは考えた。多くのアジア人が署名してくれた。マヌーバイ・パテール夫妻は、アジア人の署名集めに大いに協力してくれた。S・V・クックやR・S・アレグザンダーをはじめとするヨーロッパ人も署名してくれたが、その数は多くなかったので、私たちは何本かのボールペンを買って、単純かつ一般的なヨーロッパ人やアジア人の名前を書き加えた。詐欺に当たり得る行為ではあったが、効果は大きかった。私たちは目的を達成するためには手段を選ばなかった。それが闘争のプロパガンダなのである。この請願書にあらゆる人種の署名が並んでいればいるほど、それが総督に届けられた時には価値を増した。スミス、マクドナルド、ハリー、トムソン、ジェームス、ミルドレッド、ジャネット、ブラウン、ラヘル、カレンといった名前が使われ、それは効力を発揮したのである。

ケニヤッタの日――十月二〇日

「ケニヤッタの日」は、オヤンギ、ピーター・ドンゴ、オディンガ、アーサー・オチュワダなどの同志とわたしが、「ナイロビ人民会議党」がムゼー・ジョモ・ケニヤッタの釈放をいかにして早めることができるかを協議した時に考案された。どのようにしてだったかは覚えていないが、アイディアが自然に浮かんできたのだ。わたしは、ケニヤッタが逮捕された記念日に、マウマウと同じような規律を教えるためのデモを組織しようと提案した。その日をケニヤッタと彼の仲間に捧げる日とする、という提案である。これは受け入れられ、誰もが、その着想に興奮した。議論の末、次のような規律が採択された。

1. アフリカ人はバスに乗らないで歩くこと。煙草を吸わないこと。アルコールを口にしないこと。靴を履かないこと。
2. 大規模なデモで使われるプラカードには、植民地システム全体を揺るがすような言葉を用いること。
3. すべてのアフリカ人とアジア人の支持者は、ケニヤッタの釈放を求めて総督官邸《ガヴァメント・ハウス》に行進すること。

これが、「ケニヤッタの日」が設定されたいきさつである。最初の「ケニヤッタの日」は帝国主義者たちに大きなショックを与えた。その日、ナイロビ人民会議党の議長だったボヤはダルエスサラームに行っていて留守だった。帰国すると彼は、自分の留守中になぜこんな重大なことを組織したのかと私たちに尋ねた。私たちは、その日がきてしまい、待てなかったのだと答えた。ボヤは非常に理解力のある人物だった。彼は、この日が植民地主義者に与えたインパクトに満足した。もっとも私たちは、この「ケニヤッタの日」に参加した人びとが、その結果として苦しむことになるのを知っていた。「ケニヤッタの日」はその後も続けられたが、今やそれがどのようにして発足したのかを知っている人はほとんどいない。それが受難と犠牲の日であったことを知らず、普通の休日だと思っている人もいる。たとえば、出産を控えていたハンナ・ワンジコ・コンゴは、「ケニヤッタの日」に行なわれたデモの最中にケアロ・ケモエ近くの警官に殴られて早産し息子のムテテを亡くしている。私たちは、さまざまな被害を蒙っていたのである。わたしも、たびたびナイロビやその周辺の警察署に拘置された。こうした時には、志気を高める歌がうたわれた。ケニヤッタの日にうたわれたこうした歌の中で、もっとも勇気づけられた次のスワヒリ語の歌は、後に南アフリカの歌手であり活動家でもあるミリアム・マケバによってうたわれ有名になった。

ケニヤッタはケニアを望んだ（三回繰り返し）
そして投獄された（三回繰り返し）
（コーラス）
ムゼーが気の毒だ（三回繰り返し）

投獄されて
気の毒に、気の毒に、ムゼーよ（三回繰り返し）
投獄されて

ケニヤッタは土地を要求した（三回繰り返し）
そして投獄された
土地はわれわれのものだ（三回繰り返し）
ここはケニア
気の毒に、気の毒に、ムゼーよ（三回繰り返し）
投獄されて

われわれは畑が欲しい（三回繰り返し）
ここはケニア
畑はわれわれのものだ（三回繰り返し）
ここはケニア
気の毒に、気の毒に、ムゼーよ（三回繰り返し）
投獄されて

われわれは自由が欲しい（三回繰り返し）
ここはケニア
自由はわれわれのものだ（三回繰り返し）
ここはケニア
気の毒に、気の毒に、ムゼーよ（三回繰り返し）
投獄されて

われわれは、囚人を要求する（三回繰り返し）
ここはケニア
囚人はわれわれの正義だ（三回繰り返し）
ここはケニア
気の毒に、気の毒に、ムゼーよ
気の毒に、気の毒に、父よ（二回繰り返し）
投獄されて

こんな美しく感動的な歌を作曲してくれたムーサ・ニャンドゥスとナザーン・アイエーザに

感謝する。そして、ナイロビの町角でそれを歌ってくれたジョン・ブワナ・マタンガに感謝したい。また、ヴァイオリンを弾いて、ムウォンボコのリズムで解放歌をうたってくれたムアンギも忘れることができない。(7)

トム・ボヤや他のリーダーが演説することになっていたマカダラ・ホールでのナイロビ人民会議党の集会を植民地当局が禁止しようとした時も、解放歌が救ってくれた。党の他のリーダーとわたしが人間の盾を組織し、腕を組んで警官を押しのけ、ホールに入ることに成功したのである。次のスワヒリ語の歌は、この日の闘争の成功をうたったものである。

オヤンギとオモロは
マカダラに行った（二回繰り返し）
そこで彼らは気がついた、警官が
ホールのドアに鍵をかけたのを（二回繰り返し）

（コーラス）
中に入ろう
中に入ろう、みんな
来て、中に入ろう

集会に出るために
みんな、立ち上がって想いだそう
ケニヤッタを想いだそう（二回繰り返し）
アフリカのリーダーを
ロードワに囚われている（二回繰り返し）

（コーラス）
来て、泣こう
みんなで泣こう
来て、泣こう
涙を流そう

ナイロビ人民会議党は、グラディス・ワギオの苦境に対してわたしが示した同情を契機として、マウマウ戦士の家族の権利擁護に動き出した。彼女の夫ジョージ・ワイヤキ・ワンバーは、逮捕されてマンダ島［ラム島に隣接する沿岸部の小島］に拘留されたのち、マルサビットに移され、行動の自由を制限されていた。わたしはグラディスがマルサビットにいる夫を訪問できるよう刑務所の長官《コミッショナー》に頼んだ。最初、長官は頑強に拒否した。家族から囚人を引き離しておくことが、いわゆる筋金入りのマウマウを屈服させる唯一の方法だというのが政府の方針だったからである。わたしは刑務所の本部で座り込みのデモを計画した。二、三日後、同僚にもこのデモに参加してもらった。こうした状況に同情的だった党首にもアプローチした。彼は、運動はひとりの人のためでなく、拘留されたり移動の自由を制限されている人の妻たちすべてのためになされるべきであることを、わたしに思い出させてくれた。闘争は困難をきわめ、失望することも多かったが、私たちの座り込み戦術は功を奏した。刑務所の長官は、植民地当局の他の役人に相談したのち、ついに、妻たちが夫を訪問することを特別に認可するとの手紙を書いてくれた。こうして、妻たちは、特別な地域に拘留されていた夫を訪問することができるようになったのである。ママ・ゲナ・ケニヤッタ、カロンバ夫人、ジョージ・ワイヤキ夫人、エマ・ゲイ夫人らを含む多くの妻たちが、こうして拘留されていた夫のもとを訪れた。彼女たちは、誰がこのような仕掛けをしたかを知らないかもしれないが、わたしとしては、こうした闘争に関わってくれた人びとに感謝したい。ところで、私たちは夫を訪問する権利の獲得キャンペーンが成功したからといって、拘留者を釈放し、家族のもとに帰すための闘争を放棄したわけではなかった。その点でわたしは、J・M・オヤンギとオモロ・アガの支持とリーダーシップに感謝したい。この闘争は、全員が釈放され、自由を獲得したケニアに住めるようになるまでつづいた。

ケニアを解放するための闘争は、立法評議会においても展開された。そこでの解放闘争は、総督《カヴァナー》によって「暗黒と死の指導者」と呼ばれたケニヤッタをめぐる討論で最高潮に達した。その討論の間、わたしは傍聴席にいて一部始終を聞いていた。総督がケニヤッタを中傷した時のことである。選出議員のジャラモギ・オギンガ・オディンガが立ち上がり、「ケニヤッタはわれわれのリーダーであり、ケニアの父である」と発言したのである。(8) この言葉を聞いて、ヨーロッパ人議員とそのアジア人やアフリカ人協力者が騒ぎ出した。ひとりのアフリカ人議員が立ち上がって、「この場所でそのような人物の名前が語られることは、議員閣下にとってまことに遺憾なことであります」との発言をした。その言葉は四〇年後の今でもわたしの耳に残っている。崇敬するオディンガは、謝罪を要求された。彼はそれを拒否し、自分の主張を曲げなかった。その罰として、彼は立法評議会の議場への出席を一日停止された。わたしは同志とともに、オディンガのあとに続いて退場した。立法評議会の敷地内で、私たちはオディンガのために次のスワヒリ語の歌をうたった。

オディンガはケニアを望んだ（三回繰り返し）
そして、罰せられた
気の毒に、気の毒に、兄弟よ（三回繰り返し）
罰せられて

オディンガはケニヤッタを要求した（三回繰り返し）
そして、罰せられた
気の毒に、気の毒に、兄弟よ（三回繰り返し）
罰せられて

同志とわたしは、立法評議会の敷地から立ち去るよう命じられた。さもなくば、強制退去と投獄が待っている、と。しかし、その時には、私たちはなすべきことをすべてやってしまっていた。のちに、オディンガは退去する時に議長にお辞儀をせず、ハエ払い棒［権威の象徴］を「傲慢」な身振りで高く振り上げたとして、謹慎期間を二日間延長された。

＊　＊　＊

政治意識の覚醒を抑えるために植民地政府が用いたもうひとつの方法は、人びとが政治組織のメンバーになることを止めさせることだった。メンバーの勧誘をしている党員の逮捕というこの政策によって、新しいメンバーを登録したり、マカダラ・シティ・カウンシルの倉庫でナイロビ人民会議党のための署名を集めたりしていたわたしは逮捕され、ジョゴー・ロード警察署（現在のオファファ警察署）に連行された。党の議長が、警察署にやってきてわたしのために証文に署名してくれた。そして、ジーン＝マリー・セロニーに、わたしのために法廷に出頭するよう指示してくれた。わたしは「ごろつき、かつ浮浪者」であるとの罪の嫌疑をかけられた。ボヤ議長は、わたしがナイロビ人民会議党の正規のリーダーであること、したがって党のために署名を集めたり、新しいメンバーの登録を行なう権限を与えられているとの証言を法廷でしてくれた。わたしは有罪を宣告されたが、八〇シリングの罰金で済んだ。その罰金は、党が支払ってくれた。

人種差別撤廃のキャンペーン

党の活動家は、人種差別を撤廃するための活動をしたとして、しばしば有罪の判決を受けた。わたしは、ナイロビのあるホテルでの事件を契機に結成されたJ・M・オヤンギを長とする「ジム・クロウ・アクション・グループ(9)」のメンバーに選ばれた。事件というのは、ジャラモギ・オギンガ・オディンガが、ヨーロッパ人専用だったニュー・スタンリー・ホテルから放り出されたことを指している。ジム・クロウ・アクション・グループの目的は、このような人種差別、もしくは大きなホテルや施設における「カラー・バー」を撤廃することにあった。通常の戦略は、グループのメンバーを一人か二人、特定の施設に送りこみ、サーヴィスを要求することだった。要求が拒絶されると、メンバーはその施設を離れ、付近に待機している仲間に知らせる。すると、ウフルー・バンの拡声器が、メンバーの受難を宣伝する、というわけである。それから、五〇〇人ほどの人びとがその施設に押しかけ、サーヴィスを要求するという段取りになる。誰かが逮捕されれば、待機していた人びとが順繰りに繰り出すことになっていた。サーヴィスが拒否されると、大損害を受けたオーナーがアフリカ人にサーヴィスをせざるを得なくなるまでデモが続行された。このような座り込みは、時に、大量逮捕と法廷への出頭に終わることもあった。また、警察が、催涙ガスを使用したことも数回にのぼった。

わたしは、こうしたデモを何回も組織したが、もっとも興味深かったのは、サンズ・シック・レストランでの座り込みだった。そのレストランにわたしが従兄弟《いとこ》のジョン・カローガ・ヒンガと一緒に何気なく入った時のことである。私たちは、コカコーラを飲もうと思っていた。ところが、ヨーロッパ人の女性オーナーが、蜂に刺されたかのようにヒステリックになったのである。彼女は、アフリカ人の男女がコカコーラを注文するのを見るに耐えなかったのだ。彼女は大騒ぎをして、警官まで呼んだ。呼ばれた警官は、ジョンには立ち去るように命じたが、わたしを逮捕してキングズウェイ警察署に連行した。約二時間後に釈放されると、わたしは座り込みデモを組織した。結局、三日間の座り込みデモと逮捕劇ののち、その女性オーナーは私たちの注文に応えざるをえなくなった。わたしは、今なお、この座り込みデモの際にモゴと呼ばれるフリーダム・ファイターが、ニュー・スタンリー・ホテルの真っ赤な絨毯の上に座ってホテル業務を邪魔するために手鼻をかんだのを覚えている。これが効を奏して、私たちはこれまで以上に早くサーヴィスを受けられるようになった。逮捕され痛めつけられた者も何人かいた。しかし、ジム・クロウ・アクション・グループのデモは続行された。いかなる逮捕も拷問も、施設での座り込みを止めさせることはできなかったのである。

わたしは、家事奉公人たちが巻き込まれた事件で、ナイロビの人種隔離《セグリゲーション》に反対するもうひとつのストライキに関わることになった。ケニア植民地においては、ほぼどの公園も、どの私的な施設も人種隔離の状態に置かれていた。法廷のような公的施設のトイレには、「アジア人」、「ヨーロッパ人オンリー」、「アラブ人」、「アフリカ人」という区分がなされていた。もっとも露骨な差別は、アフリカ人のトイレには、仕切りの中にバケツが置いてあることだった。「ヨーロッパ人地区」が何だったのかを理解できない人は、そこが、独立以前、法令によってヨーロッパ人のみが家を借りたり買ったりできる地域だったということを知っておくべきである。そこでは、ほとんどすべてのヨーロッパ人が、アフリカ人の奉公人に「住み込み」で働くことを要求した。そうした奉公人は、ヨーロッパ人の雇用主が家族の訪問を許さないことについてわたしに不満をもらした。わたしは代表団を引き連れて、ナイロビ・シティ・カウンシルの社会福祉担当官に会いにいった。そして、それが間接的な受胎制限であること、夫婦は奉公人に与えられる年間一四日の休暇以外に一緒に住むことを許されていない状況を訴えた。この会見は、新聞で大々的に取り上げられ、大きな反響を呼んだ。その結果、夫、妻、子供はヨーロッパ人の屋敷内の一部に同居することを認められた。それが、長いあいだ離ればなれに暮らしていた子供と両親の関係を正常にもどした。このことは、ウードリー・シティ・カウンシル・ハウス、ランガタ、カレン、モザイガ、ラヴィントン、バーナードといったヨーロッパ人地域に変化をもたらした。

ナイロビ人民会議党聖歌隊の役割

イギリス人の植民地主義者は、私たちの人種差別撤廃運動を阻止するため、ホームガードと協力してさらなる分断政策を採ることにした。こうした「分割統治」の戦略に対する党の対応は、団結を推進することだった。つまり、すべての県や州で、私たちの存在を見せつけねばならなかった。「ナイロビ人民会議党」は、県レヴェルで他の政党と協力して、県ごとに政党を登録するという政府のやり方を妨害する計画をたてた。トム・ボヤはナイロビからナクルへと集会の場を移した。大群集を率いたリーダーたちは、ナクルのスタディアムに入り、無許可の集会を開いたのである。(10) 聖歌隊が感動的な歌をうたった。参集した人びとは、老いも若きも踊り、狂喜した。これが大規模な政治集会を組織した経験のなかった新しい政党に勇気を与えた。成功裡に幕を閉じたナクルの集会は、エルドレットやキタレでも行なわれた。グループがキタレに移動する頃までには、誰もが通りに出て踊ったり、解放歌をうたったりするようになっていた。グループはキタレから、エルゴン、ニャンザ、それから南部ニャンザへと移った。こうした県レヴェルでの動きに危機感を抱いた植民地政府は、それ以上先に進むことを止め、ナイロビに戻るよう命令した。しかし、時は遅すぎた。敵へのダメージは、もしあったとしたらすでに与えられていたし、政府がこの結束の固いグループに充分対抗できる軍事力を準備し投入するには時間が足りなかった。すでに述べたように、歌は、私たちに大きなインスピレーションを与えてくれたし、また私たちの決意を強化してくれた。ナイロビ人民会議党の聖歌隊は、集会があれば必ず歌をうたった。歌は、非常事態令によって痛めつけられ諦めていた人びとに、新しい命を与えた。聖歌隊の歌は、ケニアはある日独立するだろうということを決して信じなかった疑い深い何人ものトマス［復活を疑った聖書の中の人物］を目覚めさせた。

わたしは聖歌隊が好きで、聖歌隊が歌うときには必ず参加した。しかし、ある日のことである。午前中を聖歌隊と過ごしたわたしは、その後重要な来訪者を迎える準備をするために家路についた。私が関わっていた福祉委員会が客をもてなすことになっており、わたしがその夜の客の食事を準備しなければならなかったからである。こうした客をもてなすことのできるホテルはなかったし、デモの時以外にはあえてヨーロッパ人所有のホテルを使うことはなかった。わたしが帰るや否や聖歌隊は逮捕され、法廷に引き出され、不法集会の罪で有罪を宣告された。六カ月の投獄だった。ニャンザ州のアレゴ出身の新メンバーだったディック・オローは、たまたま聖歌隊と一緒に歌っていて逮捕された。運悪く、彼も同じ刑期を宣告された。しかし、こうした逮捕も私たちを止めることはできなかった。ほぼ同時に、宣伝担当の書記官《セクレタリー》が他のグループを組織し、わたしもそれに加わった。私たちは要人の歓迎を続けた。その中にはタンガニーカのジュリアス・ニエレレもいた。

かつてニエレレがケニアを訪れた時、わたしはトム・ボヤの家で料理を作って一行をもてなしたことがある。わたしが帰路についたのが午後一〇時。そして、午前一時頃、わたしはドアをたたく大きな音を聞いた。誰かと訊ねると、男は、自分たちは犯罪捜査局（CID）の警官で、わたしの家の捜査のためにやってきた、それは早朝までには終わるだろうと答えた。しかし、彼らは何も見つけ出せなかった。私たちは、それほど不注意ではなかったからである。私たちは訓練されていた。いつ何時《なんどき》警官がやってくるかもしれないわたしの家に記録を置いておくなどということはしなかった。その後、わたしは、このことをアルヴィ・ハウスの事務所に報告した。そこで、すべての党の幹部の家が捜索されたことを知った。捜索が行なわれている数時間、トム・ボヤとジュリアス・ニエレレは、座ったまま待機させられたのだった。これは、党と私たちの客であるニエレレを貶《おとし》めるための意図的な行為だったが逆効果だった。政府がこのようなひどい事件を引き起こせば起こすほど、フリーダム・ファイターの士気は高まった。

ローソン・ボーグア・マシャリア事件も、公然と植民地政府に恥をかかせるものだった。J・M・オヤンギとわたしは、マシャリアに証言を取り消すようせまった。マシャリアは、かの有名なカペングリア裁判でジョモ・ケニヤッタに不利な証言をしていたのである。彼は、いくつかの虚偽の証拠を提出したことを認め、虚偽の証言をする代償としていくら賄賂を受け取ったかを白状した。政府は彼の協力に対して、イギリスでの長期の休暇をさえ与えていたのである。相談の結果、私たちはマシャリアが白状したその日に、彼を党の議長であるトム・ボヤに会わせることにした。まずナイロビ市内のリヴァー・ロードの小さなホテルでマシャリアと落ち会い、彼の告白状に目を通したあとで、トム・ボヤが待っているアルヴィ・ハウスのオフィスに彼を連行した。トムがマシャリアに会ったということは、何が起こったかを知らなかった人にとって驚きだった。トムは、密かに、イギリスに向けて出発した。トム・ボヤがイギリス植民地省への党の代表だったということ、そして彼が秘密を携えていたことは、J・M・オヤンギとわたしが率いていた聖歌隊が空港でそれを暴露した時、初めて明らかになったのだった。

この事件によって、当局は警戒態勢を強化した。しかし、時すでに遅く、飛行機は離陸していた。保安部隊ができることは、私たちを逮捕し、歌の中で言及されていた秘密について尋問することであった。しかし、隠すことは何もなかった。ボヤが携えていった秘密の暴露記事が党の機関誌『ウフルー』に掲載されたからである。機関誌は、たちまち売り切れになった。民衆は、私たちの成功を知って大喜びした。ローソン・ボーグア・マシャリアは逮捕され、起訴され、投獄された。しかし、党は彼を見捨てなかった。私たちは弁護士を見つけてやり、衣服をドライクリーニングに出して、拘留されていた彼のもとに届けてやった(11)。このような小さな親切は、拘置所の環境を考えると必要だった。植民地当局と行動をともにしていたマシャリアには、もはや同志と呼べる仲間はいなくなった。しかし、彼の士気は、私たちが目的を達したのちに彼に示した尊敬と配慮のせいで、低下することはなかった。

逮捕と尋問

ある時、わたしは、ナイロビ刑務所の拘置所から手紙を持ち出すようトム・ボヤに頼まれたことがある。私たちがユーゴスラヴィアに派遣したオヤンギが、ティトー大統領からボヤに宛てた手紙を運んでいたところ、不運なことに、トム・ボヤに会う前に、彼が空港で逮捕されてしまったからである。そのような時に備えて、わたしが空港に同行することを望んでいたボヤは、いったいどこに行っていたのかと怒ってわたしの居場所を探した。党首に非難されるのは、つらい経験だった。これは、党のメンバーに対してとられた教育的な行動だったと言えるかもしれない。わたしは、かろうじてどこにいたのかを説明した。それから、刑務所から手紙を持ち出すという困難な任務を与えられたのである。わたしはマウマウの偵察隊員だった時に身につけた技術をまだ失っていなかった。ナイロビ刑務所へ行き、そこにタクシーを一台配備した。そして、もう一台のタクシーを、インダストリアル・エリア（現在のエクスプレス・トランスポート・カンパニーの住宅地）の中のルーベンス［場所の名称。現在は存在しない］で待機させた。もしも刑務所から尾行された場合、二台目のタクシーに乗り換えることができるようにである。二台目のタクシーは、わたしを町まで送り届けることになっていた。タクシーは二台とも仲間ものだったので、運転手が裏切る心配はなかった。わたしはブイブイで変装し、刑務所の事務所に行って、担当のルヒヤ人の役人に話しかけた。ルヒヤ語をかなり話せたわたしは、オヤンギの親戚のルヒヤ女性のふりをした。役人をだまして、オヤンギに会う許可を出させるにはこれで充分だった。オヤンギの看守にはかぎたばこ代として二シリングの賄賂を渡した。わたしはオヤンギが靴下の中に隠していた手紙を受け取った。いそいで刑務所を出ると、タクシーでルーベンスに向かった。そこでわたしは二台目のタクシーに乗り換え、アルヴィ・ハウスに戻ると、密かに手紙をトム・ボヤに手渡したのである。

しかし、秘密はもれた。今なお、どのようにしてそれが漏れたのかわからない。正午に、わたしはイアン・アンダーソンによってキングズウェイのスペシャル・ブランチ〔警察の情報機関〕の事務所に出頭を命じられた。彼は、「ケニアージュイ」というニックネームをつけられていた男で、わたしに手紙のことをたずねた(12)。解放軍のユニフォームを着たわたしの写真を持っていた「ケニアージュイ」は、わたしにたいそう親切だった。しかし、わたしは彼に対して敵対的にふるまい、いかなる質問にも答えることを避けた。アンダーソンは、わたしを釈放してくれたが、二時前にはわたしを逮捕し、軟禁状態に置くと断言した(13)。こうしてわたしは一年半にわたって行動を制約されることになる。

アルヴィ・ハウスに戻ったわたしは、すべてを党首に話した。党首は、党内に裏切者がいたのではないかと心配した。党のメンバーは大勢いたので、党首が誰と討議したのかは分からない。わたしは予告どおり二時までに逮捕され、マカダラを管轄していたJ・ジャクソン夫人のもとに連行された。そこで、わたしは尋問され脅迫されたが、いかなる告白をも拒否した。わたしには移動制限《レストリクション》と送還令が適用された。わたしは、ゲコヨ人の囚人を裁判にかけるためにケアンブー県に運んだり拘留キャンプや特定の地域に運ぶ車（「マリアム」と呼ばれた）に乗せられた。この車は、囚人の逃亡を防ぐために両サイドと後部にバラ線がはられていた。

「わたしは決して降伏しない」という歌をうたいながら、わたしは陽気な気分でキクユに到着した。再び移動を制限されたわたしは、毎日午前八時から一〇時の間に県庁に出頭するよう命じられた。移動制限令にはケアンブー県の弁務官《コミッショナー》タナーヒルが署名していたが、それを送達したのは県長官のジョン・ジョンソンである。わたしは毎日尋問を受けた。ナイロビ人民会議党や解放闘争と関わりのあったケニアやウガンダやタンガニーカのアフリカ人について質問をされた。決して降参しないし、同僚を裏切るようなことは一切話さないと決めていたわたしは、何の情報も漏らさなかった。わたしの態度に怒った役人は、食事と水ぬきで、終日オフィスに監禁することによってわたしを痛めつけようとした。彼が昼食に行っている間は、ホームガードが尋問した。尋問は二時に始まり、六時に終わることになっていた。ゲコヨ人担当の役人と警官は、とりわけトム・ボヤについて知りたがった。わたしは、他のフリーダム・ファイターについて聞かれることにも腹を立てた。何かを話したら、裏切り行為になるからである。時々、わたしはケアンブーの県弁務官事務所に連れて行かれ、何人かの警官から一晩中尋問された。

＊　＊　＊

移動制限下《レストリクション》に置かれていた一九五九年のある日、わたしは重要な集会に出席するために禁令を破ってナイロビに出かける決心をした。わたしは、南アフリカ航空の制服を着て変装した。討議が終了した時、昼食をしに外出したくなり、同僚とヴィクトリア通りとリヴァー・ロードの間にあって、カライ〔チャパティを焼く器具の名称〕と呼ばれていたゲコヨ料理の店に行った。その間に、わたしがナイロビにいて、昼食をとっているのを見たとの通報が警察に入った。ヨーロッパ人の役人がわたしを逮捕しにレストランにやってきた。役人は、誰がヴァージニア・ワンボイ・ワイヤキかと訊ねた。誰も答えなかった。汚い恰好をして一緒にいたルヒヤの女性が役人の目にとまった。彼女が逮捕されている間に、フリーダム・ファイターでもあったレストランのオーナーがわたしをエスコートして裏口から逃してくれた。いつものように、タクシーが待っていた。わたしはジョージという名前のカレンジン人の運転手の車に乗りこんだ。車はリヴァー・ロードを通って、鉄道近くのホワイトウェイ（現在のハイレ・セラシエ・アヴェニュー）に向かった。鉄道本部のちょうど反対側で、一台のパトカーが前に、もう一台が後を走っていることに気づいた。わたしは毛布と運転手のコートをかぶって、後部座席に横になった。パトカーは、わたしに気づかずに通りすぎた。パトカーが走り去ったあと、わたしは、警察の無線が「ヴァージニア、ヴァージニア・ワイヤキ。了解。ナイロビで発見。ロジャー。万事順調。了解。」とがなりたてているのを聞いて、大笑いをした。車はガラ・ロードの突き当たりでローワー・カベテ・ロードに入った。一般にスクレイタース・ロードと呼ばれていたアッパー・カベテ・ロードには、検問所があったからである。

家に到着するまでに、わたしは航空会社の制服を脱いで、バッグに隠していた別の洋服に着替えていた。その服というのは、汚れて破けた野良仕事用の服だった。警察がわたしを捜しにやってきた時には、何事もなかったかのように、はだしで、母親のミルク絞りを手伝っていた。警官の質問に対しては、県長官に報告しに行ったほかにはどこにも行かなかったのだから、ナイロビにわたしがいたなんて噂だったにちがいないと答えた。日中の尋問の時には、ずっと仮病を装っていたので、長官は、午前一〇時にはわたしが家に帰ることを認めてくれていたのである。警官たちは、長官にわたしの話を報告し、この事件は落着した。

何時間にもわたった尋問のあとで、アフリカ人の役人（ディストリクト・オフィサーⅡ(14)）がわたしに、車で家に送ってあげようと言ってきた日のことを、よく覚えている。疲労困憊《こんぱい》していたわたしは、彼の家族がわたしの家族と親しかったので、乗せてもらうことにした。ところが彼は、わたしの家から遠く離れたゲゼーガのバナナ農園に車を走らせ、わたしを殺すと脅した。彼にレイプされると思ったわたしは抵抗した。彼はわたしのブラウスを引き裂き、銃を取り出してわたしを撃とうとした。ホームガードのひとりが割ってはいり、わたしが移動制限下に置かれている人物だから、殺すのは危険だと彼に忠告した。すると彼は、わたしをそこに置いて立ち去った。そこは、わたしが立ち入れる地域からはるかに離れていたので、わたしは危険な状況に陥った。誰かに助けを求めるのは、もっと危険だった。なぜなら、移動を制限されている者は、複数の人物と話し合ったり一緒に行動したりしてはいけなかったからである。わたしは安全な場所へと走った。しかし、大きな川にぶつかり、それを越えることはできなかった。バナナ農園に引き返すしかなかった。一時間ほどうろついて、ようやく道路に出た。行き先もわからずに、わたしは歩き始めた。一マイルほど歩いた時、車が見えた。もし他の役人にみつかれば、まずいことになるはずだった。近づいてきた車は、わたしを襲ったあの役人のランド・ローヴァーだった。

役人は、車にバナナの房をつんでいた。彼は車を止めると、わたしを後部座席に押し込んだ。バナナがわたしの上に落ちてきて、スカートを濡らして汚した。彼は、わたしが立ち入ってはいけないナイロビに車を走らせ、売春婦を買った。彼の意図は明らかだった。わたしと違って彼と関係をもつようなプライドの低い女性たちを知っているということを、わたしに見せつけることだったのだ。彼は知らなかったが、わたしはその女性たちをほぼ全員知っていた。彼女たちは、銃や弾薬や情報を兵士から盗み、わたしと一緒に活動していたからである。

わたしを侮辱しようという彼のもくろみは、実際にはわたしに有利に働いた。というのは、わたしの家の近くからやってきていた女の子と出会ったからである。彼女は、ブラジャーをかくすようにとブラウスをわたしにくれた。襲われた時にわたしはブラウスをなくしてしまっていたのである。わたしは、役人が女性たちにビールを買っている間に、この女の子に状況を説明した。ホームガードがわたしを見張るよう命じられていたから、逃げようとしたら殺されただろう。数時間後、わたしは車にもどるように言われた。もし何かしたら、すでに酔っ払っていた彼は暴力をふるうことがわかっていたわたしは、非常に用心深く行動した。従順を装いながら、わたしは逃亡の計画をたてた。彼は、一晩過ごす場所を見つけようと言いだした。もう夜も更けており、家からは遠かった。わたしは彼のさそいを受け入れるふりをした。車は、プムワニ産婦人科病院に近づいていた。プムワニ中学校を過ぎて、ズィワニ団地《エステイト》に着いた時、わたしは、トイレに行きたいから車を止めてくれるようにたのんだ。女性たちと別れたあと、わたしが従順にしていたので彼は了承した。彼はおそらく、彼と一緒にいたがる女性たちを見せつけることによって、わたしに彼の性的勧誘を受け入れさせようとしたのだろう。だが、彼女たちは彼のお金とビールが欲しかっただけだと、わたしは個人的には思っている。

役人の虚栄心がわたしを救ってくれた。マウマウの戦術を用いて、わたしは狙撃されないようにジグザグに走り、トム・ボヤの所有する家に行った。彼はドアを開け、わたしを迎えいれてくれた。彼は驚いたようだった。そしてすばやく、どこから来て、なぜそんなに汚れた恰好をしているのかとわたしにたずねた。わたしの話を聞いたのち、彼はわたしに同情するとともに、不利なように捻《ね》じ曲げられるかもしれないから、この話を誰にも話さないようにと忠告してくれた。県庁の役人とふたりのホームガードが行なったことに対する証拠は、わたしの言葉だけだからというのが彼の見解だった。彼はまた、その役人がかつてやったように、尋問後わたしを家に送り届けただけなのだと報告するかもしれないから、ズィワニ地域はわたしにとって非常に危険であると言った。ボヤはわたしにお金を渡し、早朝にはキクユにゆく車を手配してくれると約束した。わたしは、彼の車でプムワニまで行き、そこの同志の家に一泊した。その夜、ボヤが助けてくれなかったら、わたしは殺されていたかもしれない。だから、わたしはボヤに大変感謝している。

翌日、いつものようにわたしは長官に報告をしにいったが、例のアフリカ人の役人はわたしを見ようとしなかった。わたしは、彼がわたしについて、たちが悪く度しがたいギャングであると報告しており、長官はいかなることがあっても報告を聞きたくないと思っていたことをあとで知った。その後もわたしは長官への報告を続け、尋問と脅迫を受け続けた。それが三カ月続いた。ついにわたしはうんざりし、こんな状態を続けることを止めさせようと決心した。規定以上の時間尋問されたら行動を起こそうと心に決めた。翌日、わたしは八時に出頭し、いつものように長官の尋問が始まった。これが午後二時まで続いた。わたしの神経はそれ以上我慢できなかった。突然、わたしは立ち上がり出ていった。秘書室に行きつくかつかぬ間に、あの役人が大声でわめきながら、わたしを連れ戻そうと追いかけてきた。わたしは拒絶したが、彼はわたしの後ろにまわってドレスを摑んだ。何が起こるか考える間もなかった。怒りがこみあげてきて、わたしは振り向きざまに彼にビンタを食らわした。彼は床に倒れた。ホームガードが走ってきて、狙撃の準備をするのに二秒もかからなかった。しかし、彼らの上司ケアリエ・ワ・ワンバレは、わたしを知っていたので撃たないように命じた。その上、秘書のスミス夫人がわたしの前にたちはだかって、夫の教え子を殺さないでくれといって、かばってくれた。もしわたしが撃たれるとしたら、銃弾は彼女の身体をも貫通しただろう。役人はホームガードに事務所からでてゆくよう命じるとともに、わたしの移動制限令書に幹線道路沿いにあったワイザカのダゴレッティ地区《ロケーション》の首長の事務所に出頭するようにと走り書きした。それをわたしに示すと、役人は行ってよいとわたしに命じた。スミス夫人の勇気ある行動を感謝の念とともに思い出す。わたしは、弁護士のジーン＝マリー・セロニーのすばやい対応にも感謝する。彼は、名前は知らないが、ある依頼人を弁護するためにキクユの法廷にきていた。ナオミ・ドロカ・ジャオが彼を法廷に送ってきていた。彼女はわたしを車に乗せ、すばやくわたしをモゼーガの実家に送ってくれたのである。その日が彼女との長い友情の始まりだった。今日に至るまで、ナオミは親友であり、命の恩人である。

更新された移動制限命令書に従って、わたしは、実家があるモゼーガからオゼーロを通って、リルタ・ロードに沿ってリルタ・カトリック・ミッション近くで横道に逸れ、それからゾゴト・ロードをワイザカへと約一四マイルの距離を歩くことになった。毎日、この道を往復し、午前八時から一〇時の間に首長の事務所に出頭した。

役人と格闘した翌日、わたしは、ワイザカの首長であるケニアージュイのところへの出頭を開始した。彼は、役人を殴ったことでわたしを非難し、自分は違う、自分はアフリカ人の男として、もしそんなことをされたら、ただでは済まさないとわたしに警告した。さて、本当に彼にできるか、わたしは疑問に思った。彼は私たちを支配しており、ケニアが独立しても、引き続き支配しつづけるとも言った。わたしは彼の卑劣な言葉を無視した。しかし、この彼の予言は的中した。別の地域だったが、独立後も彼は首長の地位に留まったのである。（のち、彼は六〇〇シリングを盗んだ罪で投獄された。）わたしへの説教を終えると、彼はわたしが提出した移動制限命令書に署名をして返した。

それから、翌日また出頭するようにと命令した。その後一五カ月間、これがわたしの日課になった。逮捕されて一年半後、非常事態が解除されたことをラジオで知った。法令自体が廃止になったため、もう出頭する必要はなくなった。その日、わたしはナイロビに戻り、喜びにわくナイロビ人民会議党のメンバーに会い、何ごともなかったかのように、ただちに政治活動にもどった。

非常事態後の政治組織

しかし、まさに何ごとかが起こっていた。非常事態の終焉は、植民地主義の終わりの始まりだった。イギリス植民地当局は、新しいケニアについてナショナリストと討議を始めたのである。「ナイロビ人民会議党」の議長とメンバーは、イギリスでのランカスターハウスの円卓会議に招待された。残念なことに、私たちが反逆者だとみなしていた立法評議会の指名議員が含まれていたが、いつものように、わたしは代表団の歓送会の準備をたのまれた。

出発前、トム・ボヤはマーティン・シククが留守中に彼の代行を務めることになるとわたしに話した。シククに会うのは初めてだった。私たちは一緒に行動を開始した。まだ拘留されているケニヤッタぬきにランカスターハウスの会議は行なわれるべきではないと思っていたシククは、若者の組織化を担当していた書記官《セクレタリー》に、そうした方向で効果をあげられる歌を作曲するように依頼した。誰もが驚いたことに、その歌はナイロビの通りやアフリカ人居住区のいたるところで歌われた。歌には、「ジョモぬきには会議を行なうべきではない」という言葉が入っていた。シククは、ランカスターハウスにいる代表団に民衆の感情を取り次いだのだった。その後、シククは、当時ガーナにいたビヨ・コイナンゲがケニヤッタのかわりを務めることができると主張しはじめた。シククの指令によって、「ジョモぬきには会議を行なうべきではない」という独立後も人気があった歌を作曲して広めた同じ若者たちが、会議にビヨ・コイナンゲを代表として出席させるよう求める歌をつくった。

シククの変節を懸念していたわたしは、代表団に注意するように伝えてほしい旨、インド人の高等弁務官《ハイコミッショナー》アパ・パンティにたのんだ。もし代表団がボイコットを支持しないなら、帰国した時に殺されるかもしれないとわたしは感じていたからである。わたしは、なぜシクタが代表団が出発するもっと前に行動を起こさなかったのか、いぶかしく思った。（彼は、イングランドに到着するには、二日と一〇時間を要すること、電話はインド経由だということを知っていた。）代表団は交替で会議をボイコットし、ビヨ・コイナンゲをケニヤッタのかわりに要求した。総督による任命の時点ですでに信頼性が損なわれていた立法評議会の指名議員は、ボイコットにつきあわされた。その結果、パン・アフリカ会議で活動していたビヨは、ガーナから呼び戻された。会議から戻った時、代表団はランカスターハウスでのボイコットについての次のようなスワヒリ語の歌をうたって歓迎された。

一月一五日に
私たちは代表団を送った
ケニアの支配に関する
会議に出席させるため

（コーラス）
自由はアフリカ人としての私たちの権利
土地は私たちの要求

自由はアフリカ人としての私たちの権利
土地は私たちの要求
会議は月曜日に始まった
私たちの代表は
アフリカ人による要求を上程する準備があった
ここ私たちの国ケニアでは

私たちの代表団はデモをした
会議をボイコットした
だからビヨ・コイナンゲが
会議に出席するかもしれない

ボイコットはとてもよいアイディアだった。それに関しては、シククに感謝する。しかし、タイミングが悪かった。代表団が帰国してからのミーティングで、わたしはそういう意見を述べ、対立を避けて結束を固めるよう促した。

非常事態が終焉したのち、植民地当局は、ついに全国規模の政党の登録をという私たちの要求に譲歩した。ナイロビ人民会議党の指導者は他の政党と合併し、全国レヴェルの政党を結成することを決定した。国家を率いるに充分な支持者を得られないかもしれないとの危惧から、この決定を心配した指導者もいた。わたしと数人の同志は、新党の党首に選ばれる人は、ケニヤッタが釈放された場合には彼にその地位を明け渡すべきだと思っていた。その間の党のリーダーには、ジェームス・ゲショロがもっとも適任だろうと私たちは感じていた。(15) それまでには、多くのフリーダム・ファイターがナイロビに戻り、ケニヤッタのリーダーシップに反対すると思われる人に対する反乱を組織することになっていた。代表団がゲゾンゴリにいたゲショロと話し合うために送りこまれた。彼は、移動を制限されて以来、劣悪な環境の中で暮らしていた。たまたま、わたしもその代表団のひとりだった。ゲショロは、再びリーダーとなることを承諾した。彼は「アロメ・イキア」（人が押す）と命名された車を持っていた。というのは、この車は誰かが押して少し走らせなければ、スタートしなかったからである。私たちは、新しい政党の党首に選ばれるからには、ゲショロをそれにふさわしい車に乗せるべきだと思った。そこで、わたしの兄弟であるモニュア・ワイヤキが車を提供して、その車でゲショロはナイロビへと向かった。ゲショロを守るために、武装したフリーダム・ファイターが、ブッシュやコーヒー農園に隠れて、ケアンブーからの道中を警備した。わたしは、何が起こっているのか、彼のリーダーシップに反対する人びとによって何が組織されているのかを伝えるために、ゲショロを秘密の場所に案内した。ゴッドフリー・モホーリ・モシーリが所有するナチュ・バーである。見つからないように、私たちはビール箱を貯蔵しておく部屋に座った。そのビール箱が落ちてくるかもしれないと私たちが気づいたのは、ちょうど話が終わって、選挙運動の作戦についての合意に達した時だった。ビール箱は、いたるところに乱雑に積み重ねられていたのである。

作戦は、きわめてうまくいった。全国規模の政党の結成を話し合うために、一九六〇年一月半ばに、全県のリーダーの会合がケアンブーで開かれた。わたしは同志と一緒にホールの外にいて、代表が到着するたびに選挙運動をし続けた。運動は過熱しすぎて、責任者は私たちがまだ自由ではないことを忘れてしまった！　私たちは解放歌をうたい、会合の間中、プラカードを掲げ続けた。それは効を奏し、私たちは勝った。一九六〇年一月、「ケニア・アフリカ人民族同盟」（ＫＡＮＵ）が結成され、私たちが推した候補がリーダーになった。つまり、党首にゲショロ、ジャラモギ・オギンガ・オディンガが副党首に、トム・ボヤが事務局長に当選したのである。わたしは、ナイロビ支部の女性部《ウイメンズウイング》の第一代目の議長に就任した。植民地当局はその日の私たちの活動に非常にいらだち、選挙運動を行なった者を逮捕する決定をした。しかし、その日逮捕されたのは、わたしだけだった。わたしはケアンブーの警察署に連行されたのだが、オディンガが連行されるわたしを目撃していた。彼は、他の代表たちにそのことを知らせ、車に乗ることを拒否して交通渋滞を引き起こした。彼はすべての代表にケアンブーの警察署までわたしを追いかけて行くようにたのみ、彼らはそれに応えた。わたしは釈放され、オディンガはわたしをオニャンゴ・アヨド閣下の車に乗せてもらえるよう手配してくれた。オニャンゴ・アヨドは、「カシプル・カボンド議会」の代表でありメンバーだった。植民地主義者がわたしの釈放にひどく怒って、聖歌隊と若者グループのメンバー一五名を逮捕したということを知ったのは、ナイロビに戻ってしばらくしてからだった。彼らは法廷に引き出され、六カ月の投獄刑を受けた。しかし、ケニア・アフリカ人民族同盟はすでに結成され、次第に力をつけていた。

「ケニア・アフリカ人民主同盟」(KADU)のメンバーは、私たちとは異なる戦略をとった。ケニア・アフリカ人民主同盟は、一九六〇年六月、ロナルド・ガーラを党首として、主として立法評議会のメンバーだった政治家によって結成された。真の政治家といえるのは、マーティン・シククやロナルド・ガーラを含め、ほんのわずかしかいなかった。ガーラやシクク、あるいはマシンデ・ムリロは四つの主要民族のいずれかの出身だったが、他のリーダーたちは少数民族の出身者だった。彼らのほとんどが、ケニア・アフリカ人民族同盟とケニヤッタの支配に抵抗した。表面上、ケニア・アフリカ人民主同盟は中央集権対連邦主義の原則をめぐってケニア・アフリカ人民族同盟と対立していた。ケニア・アフリカ人民主同盟は連邦政府(マジンボ)を、ケニア・アフリカ人民族同盟のメンバーは一極集中政府を掲げていたのである。この問題は、今日なお議会で議論されており、モイは明らかに連邦主義(マジンボイズム)を信じていた。議会での動議が否決されて初めてモイは、「ひとつのケニア、ひとつの国家」を認めたのである。

しかし、ケニア・アフリカ人民族同盟のメンバーとその他のフリーダム・ファイターは、ケニヤッタの拘留が長引いていることにいらだっていた。さらに、指導者、とくにケニア・アフリカ人民主同盟の指導者の中には、ケニアが独立しようとしていることをにらんで、権力欲を募らせていた者がおり、私たちは彼らのやり方にも警戒感を強めていた。そこで、宣誓の儀式を復活させることにしたのである。こうして、「ケニア土地解放軍」（ケアマ・ケア・モインゲ）が創設された。[16] その宣誓を最初に受けたのは、海外に留学していて最近帰国した大学の卒業生たちだった。宣誓は、彼らを統制するために必要だと考えられたからである。外国で教育を受けたこれら新顔たちは、一九四八年以来の解放闘争を指導してきた人びとの地位を簒奪しようという野心をもっていると思われていた。わたしは、この宣誓を受けたことはない。統制される必要がなかったからである。ワンジコ・ワ・ロレンゴ（一般にママ・カメンディという名で知られている）が、ナイロビ、セントラル、リフトヴァレーの各州でのケニア土地解放軍の責任者になった。[17] それ以降、運動を裏切ったり拘留されたりする人も出たが、一応統制がゆきわたった。一方、政府はこの新たな敵に目をつけた。つまり、マウマウ運動に参加していなかった人や協力していなかった人に、ケニア土地解放軍の組織者ではないかとの嫌疑をかけたのである。それが当局に大きな課題をつきつけた。国家安全保障大臣のスワンは、この新しい「国家の敵」に対する親植民地的民衆の警戒心をあおりたてるために新聞を利用した。

一九六〇年二月、わたしはテンゲル・カレッジで政治学・コミュニティ開発・リーダーシップに関する外国人向けのコースを受講するためにタンガニーカに出発した。そこで、わたしはタンガニーカの女性は、ビビ・ティティという解放闘争のすぐれた闘士を輩出したにもかかわらず、充分に意識化されていないことに気づいた。大部分の女性は、植民地主義のくびきから領土を解放するための闘争に参加していなかったのである。わたしは、今でも、タンザニアは、「タンガニーカ女性連盟」（ＵＷＴ）における彼女のダイナミックな指導力に多大な恩恵を受けていると信じている。

わたしは、秘密の集会を何度も開き、何人かの女性に、ケニアがいかに解放闘争を組織してきたかを語った。いうまでもなく、政府は、まもなくわたしの言動を察知した。身分証明書やヴィザを持っていたにもかかわらず、タンガニーカ当局はわたしの滞在を危険と判断した。しかし、当局が行動を起こす前に、わたしは労働組合運動によって組織されたアルーシャでの大規模なラリーで演説をし終わっていた。わたしは、本国に送還されたが、幸いなことに、予定していたカレッジのコースを修了し、試験にもパスしていた(18)。

二回目の非常事態を避けるための弾圧

マウマウの元拘留者でまだ移動制限を課されていた者を解放する一方、政府は、破壊活動の新しい兆候が認められるとして、二回目の非常事態を回避するためのさらなる移動制限の必要性を主張した。スワンは、政府はケニア土地解放軍に対する作戦を三カ月間にわたって実施してきたことを明らかにした。新たな移動制限およびケニア土地解放軍とその「別称」――「ケニア土地と解放党」、「ケニア議会」、「ケアマ・ケア・モインゲ」、「リフトヴァレー政府」——の禁止が法令化された。スワンによれば、これら政党のメンバーをマウマウとして告発するという政府の以前の政策は、彼らを別々に告発するために変更された。新たな逮捕や告発の理由は、ケニア土地解放軍が国家権力を掌握しようとしているということだった。こうしたすべての行動は、新たな非常事態宣言を避けるために必要なのだとスワンは断言した。こうして、九年にわたる武装闘争と単一政党を創設するための苦闘の後、私たちは、一九六〇年七月八日、「公共保全《パブリックセキュリティ》（移動制限《レストリクション》）条令一九六〇L・M・三一三」の公布という直撃を受けることになった。

わたし個人としては、新しい条令は、はからずも民衆を動員するという効果を生んだと思っている。ケニア・アフリカ人民族同盟とケニア・アフリカ人民主同盟の指導者の中には、ジョモ・ケニヤッタや何年ものあいだ解放闘争を闘ってきた人びとを無視して、独立交渉を行なうことができると考えた人がいたことは、今となってみれば歴然としている。ケニヤッタと彼の仲間は、こうした指導者、とくにケニア・アフリカ人民主同盟内の指導者の了解のもとに、なお監視下に置かれていた。（こうした指導者たちは、国家との同意書に署名していた。）他にも、移動を制限されていた多くの政治犯がケニア中におり、彼らの苦難は新しい指導者たちによって無視されていた。このような裏切りは、目新しいことではなかった。たとえば、ケニヤッタの名前を挙げてマラルやその他の場所で移動を制限されている人びとへの注意を喚起したオディンガを、アフリカ人の選出議員が攻撃したことを思い出してほしい。また、マーティン・シククがいなかったとしたら、ランカスターハウスでの会合は、ケニヤッタやビヨ・コイナンゲを無視して行なわれたことだろう。「新しい指導者」の裏切りを避けるには、ケニア・アフリカ人民族同盟の真の議長であるケニヤッタのかわりに大統領の席を温めておくように、ゲゾンゴリからゲショロを連れてくることが必要であると私たちは考えたのだった。ケニア・アフリカ人民族同盟やケニア・アフリカ人民主同盟の指導者の中には、ケニヤッタをマラルに送るために植民地主義者と協力した者がいたことは明らかなのだ。自治政府が認められた時、ケニア・アフリカ人民主同盟のロナルド・ガーラが首相に就任したのだが、釈放されたケニヤッタが大多数の民衆に支持されたケニア・アフリカ人民族同盟に入党することを選択するや、ケニア・アフリカ人民主同盟はケニア・アフリカ人民族同盟と連立せざるを得なくなったことを思い起すべきであろう。

（1）このシステムはマウマウをあざ笑い、心理的に叛徒に同情を寄せる人々を「粛清」するために企画された。裁判は、キリスト教・教育・文明・健康管理・開発といった好い事はすべて白人がもたらしたことを人びとに吹き込もうとした。また、マウマウによる攻撃から村人を守るホームガードに感謝することも要求した。ホームガードは人びとの家庭を守るためにゲコヨ社会に導入されたものである。しかし、彼らは、実際には、白人入植者側に立って戦う植民地協力者だった。その他の協力者には、ケニア・アフリカン・ライフルズや、カレンジン、ソマリ、ボラナ諸集団が含まれる。私たちは彼らに「トゥシャンボヤ」［ジャンボヤという羽根飾りのついた帽子の小さなもの。軽蔑の意味が込められている］というニックネームをつけた。解放軍の戦士は、白人がこうした協力者なしにはアフリカ人居留地や森のキャンプに侵入できないことを知っていた。というのは、白人たちはゲリラとの戦いにうとかったからである。ホームガードや植民地主義者と同盟を結んだすべてのこうしたアフリカ人は裏切り者だった。

（2）ケニア・シリングの価値はイギリスのシリングと連動していた。一九五〇年代、一ケニア・シリングはイギリス・シリングの三分の四に相当した。貨幣には、一九五〇年代に死去したジョージ五世の顔が刻まれていた。その後、それはエリザベス二世に代った。一九五〇年代、イギリス・ポンドの価値は、二ドル八〇セントと二ドル八六セントの間を上下していた。

（3）総督は特別な事項を処理する代理人を任命する権限を持っていた。一九五八年まで、アフリカ人には参政権がなかった。総督は法的にアフリカ人の利害を代弁する者として、ヨーロッパ人――通常は宣教師――を任命した。任命されたメンバーは、選挙によって地位を失うという怖れを抱くことなく、任命してくれた人の権益を守るために働いた。彼らは通常、植民地側に立って問題を処理し、政府の側に立って投票した。この任命制度はケニアの現在の憲法の一部となっている。大統領は議会メンバーの一二人を任命できるのである。女性の問題には女性を任命するのが慣例となってきた。しかし、これは、モイ政権になって中止された。立法評議会メンバーに任命された最初のアフリカ人男性はエリウド・マズ、最初の女性はジェミマ・ゲシャガ（両者ともすでに死去）だった。

（4）ルオ・スリフト・コーポレーションは、一九四〇年代末にジャラモギ・オギンガ・オディンガによって創設された。それは、植民地支配に挑戦するよう人びとに訴えるためにデモを組織したり、パンフレットを製作したりする商社だった。そのメンバーは、立法評議会に代表を選出する権利を獲得するためにも闘い、政府によるJ・B・オハンガの任命に反対した。彼は、政府の傀儡だと見なされていたからである。ニャンザ州では、ラモギ・アチエング・オネコとファヌエル・オデデが代表として任命されていた。彼らは、しばしば「ケニア・アフリカ人同盟」の側に立って、ルオ社会の反植民地運動の覚醒につとめた。

（5）ロイ・ウェレンスキー卿は、ローデシアの総督。彼はエヴェリン・バーリング総督を訪ねてやってきた。ウェレンスキーは汽車の運転手としてスタートし、総督になったと私たちは信じている。イギリス人の官吏は私たちを支配する地位に任命されるにあたり、特別な資格や教育が必要ではなかったため、こうしたことも可能だった。

（6）スワヒリ語では、"NPCP sasa twende Government House tukamudai Jomo Kenyatta" となる。

（7）ムウォンボコはゲコヨの民族ダンス。ダンスをしている間、西欧人の男性と女性がお互いに手を取り合っているのを真似たという点で近代の影響を幾分受けている。ムアンギは伝統的な歌詞のかわりに、伝統的な歌のメロディーに合わせて解放歌をうたった。ムウォンボコ・ダンスは今日なお人気があり、ムアンギは独立後もヴァイオリンで演奏している。一九八〇年代初頭、大統領や政府の大臣らが顔を合わせる会合や空港で、彼はよくヴァイオリンを弾いた。

（8）オディンガはアフリカ人が初めて八つの州で立法評議会の代表を選出することを許可された時に選出されている。

（9）アフリカ大陸の人びとは、人種差別と隔離を廃止するために闘っている世界中の人びとと連携していた。たとえば、ジム・クロウ・アクション・グループと名づけられた集団があったが、それは、アメリカの同名の集団と同じ闘いを行なっていると思っていたからである。このように、ケニアではとりわけ、アメリカやジャマイカにおける解放闘争との類似性が意識されていた。ラルフ・バンシェのような人びとが達成した成果は、アフリカ全土で賞賛された。マーチン・ルーサー・キングJr. は、私たちすべてのヒーローだった。実際、わたしが何年も後に合衆国を訪れた時、わたしはキング牧師が人種隔離反対のキャンペーンを行なったアラバマを訪ねることにこだわった。

(10) 戒厳令の一環として、政治的な集会は政府の許可と文書なしには開けなくなった。不法集会の禁止は現在も刑法の一部を構成している。これが人びとのコミュニケーションや抑圧への反対運動を阻止する権限を政府に与えている。

(11) 拘置所（remand home）とは、告訴された後、裁判を待つ間、収監されていた刑務所のことである。被告は保釈を禁じられている。彼らは裁判が開かれ、判決が出るまで拘置所に留め置かれる。ケニアでは、拘置された人は二週間ごとに手錠をされて裁判のために裁判所に連行される。

(12) 一九九〇年代中葉、アンダーソンはバーレーン内務省を統括していた。

(13) 「移動制限《レストリクション》」とは、告訴された人が厳格な公共保全条令の下に置かれた地域に送還されることを意味した。警察と役人が移動制限下に置かれた人が地域を離れないよう見張った。わたしの場合、毎日、県長官に報告することを要求された。後になると、県長官にではなく地区の首長に報告するよう言われた。裁判は行なわれていない。被告人は尋問されず、旅行は禁止され、移動を制限された地域に留まるよう命令だけされた。

(14) アフリカ人の行政官は、位の低い順に言うと、ヘッドマン（村長）、ロケーション・チーフ（地区首長）、チーフ（首長）、パラマウント・チーフ（大首長）となっていた。この他に、県長官を補佐する役人やディストリクト・オフィサーⅡといった役人もいた。しかし、チーフは県長官（ＤＯ）を補佐するアフリカ人の役人より権限を持っていた。というのは、チーフは人びとを逮捕する権限を持っていたからである。この県長官を補佐する役人になれるアフリカ人はほとんどいなかったし、そうした人でも教育レヴェルは高くなかった。しかし、大学出の者も中にはいた。ナショナリスト運動に携わっていた私たちにとって、県長官を補佐するアフリカ人は白人の協力者だった。しかも、植民地的人種差別ゆえに、彼らは白人の行政官と同等の待遇を受けてはいなかった。

(15) ジェームズ・ゲショロの経歴は高校の教師から始まっている。彼はスコットランド宣教教会で人びとに尊敬されていた長老の息子で、マウマウ軍の戦士となり、ほとんどのナショナリストの政治組織に参加していた。ジョモ・ケニヤッタやビヨ・コイナンゲらと一緒に活動し、議長だったケニヤッタがイギリスに行って帰国するまでの間、「ケニア・アフリカ人同盟」を統率していたこともある。私たちが彼を信用するのはこうした理由による。植民地政府は彼を首長に任命したが、彼自身はそれを好まなかった。それを避けるために彼は一九五四年、キクユでバラザ（公開の討論会）を開いた。彼は、わたしの父ティラス・モニュア・ワイヤキを拘束した行政府を非難した。列席していた県長官はゲショロに歩みより、帽子と彼の役職のシンボルである紋章とを取り上げた。その後しばらくしてゲショロは逮捕され、移動制限条令（restriction orders）によりゲゾンゴリに送還された。ケニア・アフリカ人同盟が発足した時、私たちは議長であるケニヤッタがマラルにおける軟禁から釈放されるまで、ケニヤッタに代って「席を暖めておく」ようゲショロに依頼する決心をした。

(16)【編者注】ケアマ・ケア・モインゲ（より一般的には「ケニア土地解放軍＝ＫＬＦＡ」として知られていた）は強硬派のマウマウのメンバーによって構成されていた。彼らは、「ケニア・アフリカ人民族同盟」や「ケニア・アフリカ人民主同盟」のアフリカ人指導者が植民地からの解放の要求と土地の返還という要求を欺くような素振りをすれば、闘うことも辞さないとして軍に参加した人びとであった。「ケニア土地解放軍」は一九六〇年に宣誓を開始した。二年間でそのメンバー数は増加し、一九六二年には三千人に達した。政府は、メンバーとおぼしき人びとを逮捕してこの動きを封じ込めようとした。「ケニア・アフリカ人民族同盟」と「ケニア・アフリカ人民主同盟」のオフィシャルな指導者たちは、元マウマウ戦士だった人びとの寡婦や子供たちへの援助や没収された財産の返還、あるいは入植者の土地の再配分を要求していた「ケニア土地解放軍」を非難した。「ケニア土地解放軍」についての詳細は、Edgerton 1989, pp. 214-216; Rosberg/Nottingham 1966, pp. 306-307 を参照のこと。

[訳者注] マウマウ闘争／戦争／反乱と呼ばれている独立運動は「ケニア土地自由軍」（「ケニア土地解

放軍」とも）が母体となった運動である。この名称はKenya Land and Freedom Armyで、略称はここでの「ケニア土地解放軍」Kenya Land Freedom Armyと同じくＫＬＦＡとなるが、異なる組織である。

(17) ゲコヨの伝統によれば、女性は第一子誕生後に「ニィナ・ワ」（mother of）の後に子供の名を付けて呼ばれるようになる。この場合、ワンジコはナイロビに移住し、スワヒリ語で交流するようになってから、「ママ・カメンディ」（カメンディは彼女の第一子である娘の名前）と呼ばれていた。ゲコヨの父親も、最初の子供の誕生後は、「……の父」と呼ばれた。

(18) コースは六カ月だった。それはコミュニティ開発コース、指導者コース、秘書コースを完了した高校卒業者に提供されていた。わたしのコースはコミュニティ開発関連のコースの中に置かれた特別コースで、「世界青年会議」（World Assembly of Youth）の基金で運営され、資格テストと英語テストに合格した政治活動家を受けいれていた。

第五章　ラム島での拘留

一九六〇年七月八日、「ケニア土地解放軍」とその傘下にあった「ケニア土地と解放党」、「ケニア議会」、「ケアマ・ケア・モインゲ」、「リフトヴァレー政府」は、「公共保全（移動制限）条令一九六〇Ｌ・Ｍ・三二三」によって禁止された。わたしの自由は、ケアンブー県での移動制限を解かれて一カ月後、つまりタンガニーカから帰国して数日後に再び奪われた。事の発端はケニア土地解放軍のメンバーではなかったにもかかわらず、わたしがその指導者たちに信頼されていたことにあった。わたしの家がナイロビ川に近かったため、あるフリーダム・ファイターが修繕のために銃専門の鍛冶屋に持っていく目的で一丁の銃をわたしの家に置いていったのである。この銃は、（幸運にも）スペシャル・ブランチの役人が逮捕状を携えてやってきたほんの少し前に家から持ち出されていた。文書や武器の家宅捜索が行なわれたが、何も出てこなかった。しかしわたしは、早朝四時頃、子供たちともどもパンガニの警察署に連行され、拘置された。午前十時頃、監房から連れ出され、もっと小さな部屋に入れられた。子供たちにはパンと紅茶が支給された。正午頃、わたしは、おそらくは写真撮影のために呼び出された。フリーダム・ファイターだった旧知のエノック・ムアンギも逮捕されていたことを知ったのはその時だった。私たちは、ヴェランダの壁の前で写真を撮られた。居場所を誰かに告げることと、他の囚人に会うことが禁止された。午後二時頃、事務所に呼ばれたわたしに、E・P・ヘリッツ＝スミスという名前の婦人警官が移動制限命令書を示した。彼女は主任監督官《スーパーインテンダント》で、他の白人の警官が付き添っていた。彼の名前は教えてもらえなかった。その命令書にはスワンの署名があった。わたしはそれを読み、署名した。

　午後二時半頃、わたしは子供たちと一緒に監房を出て、ふたたびヴェランダに連れてゆかれた。そこには、手錠をされたエノック・ムアンギが待っていた。私たちはそそくさと外に押し出され、警察の車に乗せられた。わたしと子供たちが乗った車は、ムアンギの車とは別だった。鎮圧部隊を乗せた一台のランド・ローヴァーと武器を積んだ軍用トラックが、私たちの車のあとに続いた。そのさらにあとには警察の車がもう一台続いた。同じような車が前方にも待機しているのを知った時、わたしは厳重な護送隊に取り囲まれていることに気づいた。私たちは、ポリス・エアウィングスという、ある州から別の州に囚人や警官を輸送する小型飛行機を管轄する警察の部署によって護送されようとしていたのだ。車はハイスピードでジュジャ・ロードから飛行機が待機しているイスリー飛行場に向かった。警察の車は、私たちの姿が見えないように小型機のドアのところで止まった。わたしは、子供たちやエノックやE・P・ヘリッツ＝スミスや他のヨーロッパ人と一緒に飛行機に乗り込んだ。女性の警官は非常に高慢だったが、男性の警官は子供たちに親切だった。彼は、子供たちのひとりを飛行中抱いていてくれた。一番小さな子はわたしが、もうひとりをエノックが抱いていた。ヘリッツ＝スミスがわたしにしてくれた唯一の親切は、飛行機が離陸した時に吐いた一番小さな子供のために、ティッシュペーパーをくれたことだけだった。彼女は、月経が始まったわたしに原綿もくれた。数時間後、私たちはラム島近くのムワナ飛行場［ラム島対岸にある飛行場］に到着した。エノック、わたしの子供たち、そしてわたしは、シュングワヤという名前のモーターボートが到着するまで機内で待機させられた。シュングワヤが到着すると、飛行機を降りて、それに乗りこんだ。

わたしは、ラムへの飛行中、そしてムワナからラム島への船中、エノック・ムアンギが子供たちを抱きかかえてくれていたことに感謝する。いまやラム島が、私たち全員の移動制限区域となり拘留キャンプとなったのである。県弁務官事務所に到着すると、拘留命令が待っていた。何の過ちも犯していないのに拘留の憂き目にあった子供たちには、ビスケットと豆の缶詰が支給されただけだった。彼らは、お腹をすかしたまま眠らねばならなかった。小さなキオスクを経営していたひとりのバジュン人女性が親切にしてくれなかったら、子供たちはずっと空腹に悩まされたことだろう。彼女はワンジコというニックネームで呼ばれており、モランガ出身の年取ったゲコヨ人男性と結婚していた。彼女の夫は第二次大戦に従軍した経験があった。のちに彼はムスリムになり、ラム島に留まる選択をしたのだった。ワンジコは食べ物をひそかに盗み出してきては、子供たちに渡してくれた。残念なことは、わたしがラム島から釈放されたあと、彼女と連絡が取れなくなり、お礼を言うことができないことである。わたしにできることは、彼女なりの方法で独立のために戦った彼女の名前をこの本に残しておくことしかない。子供たちに親切にしてくれたもうひとりの人物がわたしの記憶に残っている。シェイク・アリである。彼は三日間も食べずに飢えていた子供たちに、食べ物を買うための小遣いをくれたのである。それは、子供のひとりがマラリアに罹ったため、子供たちを連れて病院に行く許可をもらった時のことだった。とても暑い日だったので、病院からの帰途、わたしは新鮮な空気を吸うため海辺に腰を下ろしていた。通りかかったシェイク・アリは、無力な母親にもたれかかっている子供たちをみて、彼らがひどくお腹をすかしていることに気づいたにちがいない。近づいてきて子供たちを起こし、「フジャンボ（ハロー）」と呼びかけた。彼は、あわれみの目で子供たちをみつめると、三〇シリングを子供たちに渡したのだ。わたしは、彼に話しかけなかった。立ち去りかけた彼は、くるっと振り向くと子供たちにむかって「バーイ」と声をかけた。わたしは彼にさよならも言わなかった。というのは、彼は植民地政府の協力者なのだと決めてかかっていたからであった。彼はムワナからラム島へ私たちを運んだ渡し舟の所有者だったからである。子供たちもさよならを言わなかった。あまりも身体が弱っていて言えなかったのである。独立後、わたしは、ビジネスマンに転身していたシェイク・アリとその家族に、マリンディで会う機会があった。

ラム島の拘留センター

ラム島での新しい拘留生活がはじまった。そこには私たちより一週間前に到着していた数名の人びとや、ムサンブワ教（ケニア西部の宗教）のメンバーだという理由で九年以上も拘留されていた何人かのルヒア人がいた。ムサンブワ教は、神はアフリカ人であると説いていたため、植民地支配者は、彼らを急進的な政治グループだと見なしていたのである。その他にも五人の女性が拘留されていた。モランガ出身のワイリモは、女の赤ん坊を抱えていた。その他は植民地主義者によって「筋金入り」のマウマウと呼ばれた年配の人々で、顔見知りの人たちだった。その中には、ママ・カメンディ（リフトヴァレー、セントラル、ナイロビ諸州の組織の責任者だったワンジコ・ワ・ロレンゴの通称）、ビートレス・ニャンブラ・ワ・ケメゼ、プムワニ出身のママ・ガゾニ（エンバカシ・キャンプで怪我をして身障者になった）、キベラ出身でガクニアの名でよく知られたワンボイ・ワ・ゴゲがいた。男性の中にもダーヤ将軍（モラーヤ・ワ・モタヒ）、J将軍（ジョゴナ・ワ・ガシュイ）、カマウ・ワ・ズィッポラ、ワンジョーヒ・ワ・モンガーオ、ババハティ出身のモゼー・カバザや、その他名前を思い出せないが、非常に活動的なフリーダム・ファイターたちが含まれていた。女性たちの多くはカメテ、ランガタ、エンバカシなどでかなりの期間拘留されたのち釈放されたが、ケニア土地解放軍が禁止されると再び逮捕されたのだった。まだ若かったワイリモを除き、ほとんどがキクユ中央協会やケニア・アフリカ人同盟やマウマウ戦闘評議会に参加した経験を持っていた。彼らは、それぞれの州で戦士グループを率いて戦ってきたのである。

到着した二日目、尋問がはじまった。尋問官たちは、わたしがケニア土地解放軍と、その傘下にあるナイロビ、セントラル、リフトヴァレー諸州の組織の書記《セクレタリー》だと言い張った。彼らは、わたしのマウマウのメンバーとしての仕事や、ナイロビ人民会議党における役割や活動について知りたがった。尋問は二日間以上続いた。政党におけるわたしの役割は秘密ではないので何も隠すことはないとわたしが主張したため、結局、三日目に官憲はわたしに愛想をつかした。わたしは、独立（ウフルー）と、拘留されたり移動制限下に置かれている指導者たちの釈放を要求した。厳しかった三日目の尋問は午後三時半に終わった。わたしは午後七時に報告に戻るよう命令され、それに従った。わたしひとりで夜中に尋問されることを心配した他の拘留者たちは、カマウ・ワ・ズィッポラが付き添ったほうがよいと言ってくれた。わたしは、ラムの町から五マイルほど離れたシェラの町での追加尋問にわたしがモーターボートで運ばれようとした時、カマウがそれに乗りこもうとして、守衛に危うく海へ投げ出されそうになったことを思い出す。カマウは押し返され、幸いなことに、海側にではなく岸側に転落した。彼らは、彼に向かって「ここにはおまえの仕事はないんだよ」と叫んだ。カマウはキャンプにもどり、他の拘留者に報告した。暴動と反乱が起き、その結果、拘留者は殴られた。このような暴力は日常茶飯事で、拘留者は慣れっこになっていた。しかし、のちにわたしのせいで彼らが殴られたことを知って、とても心が痛んだ。

その間、わたしの試練はシェラで続いていた。わたしは二つの選択肢をつきつけられた。自由と土地を奪い返すために行なったすべてのことを白状するか、それとも死ぬか、である。もし必要なら政治的信条のためにいつでも死ぬ準備はできていたが、今度ばかりは心が重かった。子供を抱えていたし、自由になる時はすぐそこまで来ていたからである。また、逮捕される前に両親にさよならを言うことができなかったことも気になった。解放されたケニアを目で確めるまで生きていたかったけれど、帝国主義者の前では決して泣かないと誓っていたので、心を鬼にした。悪名高いシェラの駐屯所は、ワニがいることで有名で、植民地主義者が多くのフリーダム・ファイターを海中に投げ込んだ場所であった。さらに、植民地主義者は、拘留者がワニによって一部分だけ食われた場合には警戒した。生き返るかもしれなかったからだ。ナイロビから一緒だった官憲は、ナイロビから連行された拘留者でもあり同時に移動制限を課された人びとを管轄していた。彼は、わたしのように態度を硬化させたゲコヨ人の拘留者がたくさんこの場所で海に投げ込まれたとわたしに話した。もしわたしが札付きのマウマウのような振舞いを続けるならば、おそらく同じことがわたしにも起こるだろうとも警告した。兵士たちは、大きなテントを張り、その二〇〇ヤードほど離れたところに少し小さめのテントを張った。答えに齟齬があったらすぐにわかるように拘留者を別々に尋問するのが慣例となっていたからである。尋問中の拘留者を隔離しておくことは、屈服した者が、他の囚人に聞かれることなく証言することを容易にした。しかし、女性の囚人を女性警官や女性の官憲をつけずにどこかに連れ去るというのは普通ではなかった。

わたしは、ナイロビからの拘留者を担当していた官憲と一緒に、ひとりでテントに入れられた。イギリス本国では女性を殺すことは普通のことなのかどうかと、わたしは尋問官に聞いた。第二次大戦のことを引き合いに出し、なぜ、イギリス人はヒトラーを暴君だと言ったのかも尋ねた。それはイギリスが爆撃されたからだと思うと、わたしは言った。爆撃の多くは居住地に対して集中的になされ、殺された人の大部分は家にいた女や子供たちだったのだ。彼は、殺されたのは主婦であって、テロリストの考えをもった政治家ではなかったと答えた。わたしは、ドイツのホテルで従業員と偽ってイギリスのスパイをしていた女性について、彼に尋ねた。彼は、そのような情報をどこで手に入れたのかとわたしに聞いた。わたしは、戦争映画で知ったと言った。彼の答えは、そうした人びとは政府やテロリストをかばっていた人びとだというものだった。そこでわたしは、自分の領土を守ることと、誰もが平等に暮らすことができるような主権国家になるために植民地主義のくびきから自由になろうと闘うことと、どこが違うのかと尋ねた。すると彼は、アフリカ人は統治能力がなく、領土も境界も持っていなかったし、アフリカ人が主張する領土や地理的境界は、ルガードなど、アフリカを発見したヨーロッパ人によって線引きされたものであるというのである。わたしの話に全く関心を持たず、ウィスキーを飲んでいたある官憲が、死ぬ覚悟をするんだな、とわたしに言った。彼はわたしにウィスキーを飲ませようとしたが、わたしはそれほど落ちぶれてはいなかった。もしそうされたら、逃げ出して吐いただろう。キャンプには一二人の兵士がいた。テントから出るたびに、わたしは、キャンプでの駐屯が長すぎると上官をのろう兵士の不平を耳にした。わたしは、彼らも不平等な地位の中で上官に不平を言うことができない不自由な身であることに気づいた。わたしはこの官憲の名前を知らなかったし、知ろうとすると、おまえの知ったことではないと言われた。彼の尋問は三時間続いた。わたしは苦痛を感じ、恐怖で心臓が飛び出しそうだった。しかし、怖くないふりをしているだけとは知りながらも、笑顔で応対しつづけねばならなかった。時々、わたしは、彼がわたしから得るより多くの情報を彼から入手した。「ところで、わたしをシェラに運んだのは、わたしをラム島に運んだのと同じボートだった。そのボートにはわたしをナイロビから連行した同じ官憲が付き添っていた。ただし、ヘリッツ＝スミス警視は一緒ではなかった」と言おうとした時、わたしは息苦しくなり咳き込んでしまった。イギリス人が女性を脅迫するのはめずらしくはなかったが、女性がひとりで複数の男性に拘引され、夜中に孤島に連行されるのは異常なことだった。わたしに何が起こったかを、皆さんは推測できるを思う。わたしは、無残にもレイプされたのだった。

レイプされた後、わたしはボートに連れ戻された。めまいがし、頭が混乱していたが、どこに連れて行かれるかを聞き出そうとした。「ラム島へボートを漕いできた少年は、同じシュングワヤという名前のモーターボートでわたしをシェラに運んだ少年と同じだけど、彼はアフリカ人の雰囲気を持っていた。あるいは、何度かラム島とシェラの間の往来に使われたことがある少年かもしれない」とわたしは言った。官憲は、なぜそのように思うのかと尋ねた。わたしは、私たちがシェラに着き――おそらくわたしの身体を捨てるために使用すると思われた――袋と石とロープをモーターボートから取り出した時、少年が大きく深呼吸したからだと答えた。私たちが船着場に戻り、兵士がボートに乗るように命令し、上官がわたしをモーターボートに乗せようとしているのを見て、少年は口笛を吹き、歌をうたいはじめた。わたしは、わたしを殺すよう命じられた兵士とのこの船旅を、彼が心配していたのだということがわかった。わたしが生きていたので、彼はほっとしたのだ。少年はわたしに「フヤンボ」と声をかけた。わたしは、彼が「ジャンボ」（元気？）と言おうとしているのがわかった。というのは、沿岸部で話されるスワヒリ語はわたしのホームタウンで話されるスワヒリ語とは違うのだ。わたしは「スィヤンボ」（元気よ）と答えた。すると彼はわたしに「ウ・ムブワ・ワ・ニャニ？」と尋ねた。わたしは、ラム島に着いた最初の日に、ひとりの女性からこれと同じ質問をされた。その時、私は、彼女が犬のことを言っているのだと思った。というのはムブワは「犬」を意味するからである。しかし、後でわたしは沿岸スワヒリではムブワは「元気」という意味であることを学んだ。その女性が知りたかった唯一のことは、わたしがどこから来たかと言うことだった。そこで、わたしは少年に、ケアンブーから来たこと、ナイロビで逮捕されたこと、ゲコヨ人であること、自由を求めて闘っていることを話した。彼はわたしの言う自由について、何も知らなかった。「ぼくのボスが、ボート代を受け取っている」と彼は言った。このことは、彼のボスはこの一連の出来事とは関係のない人で、ただお客を運んだ運賃で生活費をかせいでいるだけなのだということを意味している、とわたしは思った。わたしは、こんな夜遅くに仕事をするには若すぎるのでは、と彼に言った。ヨーロッパ人の官憲が会話を遮《さえぎ》り、それはアフリカ人のボスから期待できるある種のもてなしなんだ、と言った。すると、もうひとりの官憲が「全くそうだ。やつらは、解放されても単なる奴隷なのさ。少なくともイギリスの女王はぼくたちを覚えていてくれる。そしてぼくらが帰国すれば、メダルと盛大な歓迎をしてくれる。だけどこれら野蛮人はちがう。つまり、やつらが勝ったとしてもね。」その時わたしは、船が荒れた海に漕ぎ出したことに気づいた。わたしは、他の場所に連行されるのかどうかを知りたかった。わたしは眠ったふりをして、いびきをかきはじめた。ひとりの官憲が、上役に、なぜ指令どおり事を運ばなかったのかとたずねた。上役は「おまえの知ったことか。明日、説明してやるよ。」だが、彼女は素晴らしかった。おれが知りたかったことを全部話してくれた」と答えた。この時、わたしは大声で、それは違うと叫びたかった。しかし、島でひとり取り残された二歳半の娘のことを思い出した。もしわたしが殺されたら、彼女が先祖のことを知ることはないだろうし、死んでしまうかもしれない。わたしは、いびきをかき続けた。

私たちはラム島に戻った。私たちのボート――シュングワヤ――の音以外、何も聞こえず静かだ。官憲たちは、わたしを伴って下船した。彼らは、拘留者を管轄しているアランという名前の県庁の役人が所有するペトリース・インに泊まっていた。その時、わたしは子供たちに会いに行ってもよいかと尋ねた。しかし「まだ、だめだ」と言われた。「きみが自由だなんて、誰が言ったのかね。子供たちは自由がないわけでも、拘留されているわけでもないんだ。呼べばいいじゃないか。だけど、きみは拘留中なんだ。ラムには、きみを連れて戻ってきたことを確認する官憲がいるんだ。彼がそれを拒否し、スワンの命令を実行するかどうか、わかったものじゃないからな。」わたしは沈黙した。わたしを静かに見つめていた官憲が、わたしの手をつかんで、他の官憲たちに向かって叫んだ。ただちにそれぞれの部屋に行くように、そして他の州からの拘留者を管轄している上官たちもいることを忘れないように、自分はナイロビの管轄権だけしか持っていないのだ、と。わたしは、官憲たちが面目を傷つけられていると思った。ゆっくり、静かに彼らは立ち去った。誰かが正面の扉を開け、彼らはその中に入って行った。そしてわたしは、シェラにいた時に彼らがこぼしていたような不平不満を二度と聞くことはなかった。ホテルに雇われていたトラという名前のポコモ人の少年が、わたしと官憲のためにドアを開けてくれた。(厳しい試練の後、私たちの運動に参加し、島に滞在しているあいだ手助けしてもらうために、私たちはトラと彼の仲間に宣誓をほどこした。)

わたしはひとりナイロビからの拘留者を管轄する官憲の手に取り残された。驚いたことに、彼は以前の話を蒸し返して、「そうだ、彼〔ラムを管轄している官憲〕のところへ行って、彼を起こそう。彼は警察所の一階に住んでいる」と言った。警察所はホテルの隣だった。彼は、ラムの官憲がわたしを名前で呼んでも返事をしないようにとわたしに言った。わたしの名前は五九号であることを覚えておくように、というわけである。わたしは「すみません」と言った。たぶんヴァージニアと呼ばれたら、わたしは返事をするだろう。わたしは、彼が何度もわたしをヴァージニアと呼んでいたことを彼に思い出させた。皮肉なことに、彼は「もし僕がエディスときみを呼んだらどうする？　それもきみの名前なんじゃないかな」と言った。わたしは「いいえ、違います」と言った。彼は、わたしがテロリストかどうかとわたしに尋ねもした。わたしは、母親だと答えた。彼はわたしの答えに注意を払うことなく、わたしに向かって、おまえはただの五九号なんだとどなった。選択の余地はなく、わたしは同意した。すると彼は「母親でもあるが、きみはテロリストであり、ギャングであり、トラブルメイカーだ。しかし、なによりも女性だ。きみは料理がうまい。きみを裏切ったのが誰か知ってるのか？」と言った。わたしは「知らない」と答えた。「裏切ったのはきみの仲間さ。きみの大の友人だ」と答えた。「そうだったの。彼の名前は？」「知ってるだろう、V」と彼は答えた。わたしは言葉を返した。「わたしの名前は、今度はVということ？」「そうさ、ヴァージニアのことだよ、テロリストのワギオじゃないよ」と彼は言った。わたしは黙った。彼は酔っ払っていた。

私たちは、ラム島を管轄している官憲の家に向かって歩いていった。ラム島の家には急な階段がついていた。わたしは歩き続けたが、わたしの後ろにいた官憲は、階段半ばで、わたしに座って休むように命じた。彼は力ずくでわたしを地面に押し倒したので、背中を怪我してしまった。背骨の上のその傷は、今も残っている。しかし、わたしは言われた通りにした。彼はわたしを再びレイプした。苦難の時が過ぎると彼は「こっちへこい。ホテルへ行こう。僕が本当にきみを救ってやろうとしているのが、そろそろわかっても良い頃だ。なぜきみは死なねばならないんだ?」と言った。わたしは「わたしの国のために」と答えた。彼は「なぜだ? 他のやつらは得をしているのに……、CIAやM15やKGB〔アメリカ、イギリス、ロシアの情報局の名称〕といった組織から資金を得てね。きみはバカだ。何ももらえないんだから」と叫ぶように言った。わたしは「その略称はどういう意味なの」と聞いた。すると官憲は「ジョン・F・ケネディ大統領がいくらお金をばらまいていると思う?」と言った。「少なくとも彼は黒人が好きよ」とわたしは答えた。その頃までにわたしの怒りは頂点に達していたが、それを押し隠した。わたしは、一番下の娘に会いに行きたいとたのんだが、「今はだめだ」と彼は叫んだ。彼は静かな口調で、この件についてはホテルで他の官憲に相談せねばならないとわたしに言った。ホテルに着くと、彼はわたしを部屋に入れた。二、三分後には、彼はいびきをかいていた。

彼が目覚めた時、わたしは逃がして欲しいと懇願した。彼はさらに二回レイプしてから、わたしを解放した。午前四時頃に、彼はホテルの裏口を開け、わたしにモスクを指し示した。のちに、わたしはそこが悪名高いホモセクシュアルの人びとの集合場所だということを知った。それから彼は、わたしに女の赤ん坊をくれてやると言った。彼は、わたしを妊娠させることはイギリス政府の決定だともわたしに言った。彼らは、マウマウが白人の子供を産んだわたしを殺すか憎むことをねらったのだ。モスクに着くと、「そこだ、V、きみが拘留される家への門がそこにある」と言いながら、彼は右に曲がるようにわたしに指図した。「ありがとう、ご主人様」とわたしは皮肉たっぷりに言った。「またあとでな」と彼は言った。わたしは、女奴隷のように、歩いて家の中に入り、ガードマンに二シリングのワイロを渡した。そのお金は、子供たちにミルクをやるためにブラジャーの中に隠し持っていたものだった。

拘留されていた者たち、とくにママ・カメンディ、ビートレス・ニャンブラ・ワ・ケメゼ、ママ・ガゾニが笑顔でわたしを抱きしめ、わたしの生還を喜んで歓迎してくれた。わたしはすべてを彼女たちに話した。年配の女性たちは、ここを管轄している県の役人や警官には話さないほうがよいと警告してくれた。なぜなら「今回、逃れることができたということは、必ずしも次回逃れられることを意味しない」からだという。この忠告を受けいれるのは難しかったが、彼女たちがランガタやカメテ刑務所で長年拘留されていたことを知って、納得した。わたしは、生きて子供たちに再び会えて幸せだった。女性たちはマウマウの歌をうたってくれた。とりわけ、わたしが最も好きなデーダン・ケマージの歌を……。

　われらがケマージが自力で
　山に登って行く時

彼は白人を打ち負かすための
力と勇気を望んだ

（コーラス）
われわれは黒人であるがゆえに嫌われる
白人でないために嫌われる
われわれは彼らに祝福されていないのだ
われわれの神は未来にある

彼は勇敢な言葉を発する
白人はイギリスへもどれと
そして言う、われわれは決して
自由のための闘いを止めないと

私たちは皆この歌によってなぐさめられた。わたしはデーダン・ケマージが野性の動物を恐れることなくひとりで山に分け入ったことを思い出した。それはちょうど、わたしが尋問とシエラをひとりで生きぬいたのと同じなのだ。傷ついた者は、姉妹や同志のために闘って傷いたということで、心を癒された。また、わたしが彼らを裏切ったと確信し、複雑な気持ちにとらわれたものもいた。拘留者が長期に他の拘留者から引き離され、どこへ連行されたかがわからない時には、いつもこういう感情が芽生えるものなのだ。

こうした忌まわしい夜のことは、今なおわたしの心に傷を残している。しかし、ともかくも自由は得られた。そして、このような苦痛と悲惨こそが独立をもたらしたことを、誰が知っているのだろうか。同様な苦難に遭った女性の戦士たちは大勢いる。それが一生の心理的トラウマとなって残ることを理解できるのは、犠牲者以外にはいない。わたしの命を救うふりをしてわたしをレイプした男は、決して名前をあかさなかった。彼がわたしに暴行しなかったとしても、彼が誰かを知らないということは奇妙なことだとわたしは思った。しかし、わたしには彼の名前を知る方法はなかった。最初の尋問（とレイプ）の後、官憲たちはナイロビ、ニエリ、リフトヴァレー、エンブなどにあるそれぞれの駐屯所に戻っていった。私たちはラム警察を管轄する官憲と県の役人の手に委ねられた。彼らの任務は、拘留者を管轄することだけだった。しかし、三カ月半後、すべての官憲が他の県から戻ってきた。そして、ついにわたしは、わたしをレイプした男の名前を探り出したのだった。彼らの飛行機がムワナに到着した時、わたしはめまいを覚えながらも、ある種の夢をみているような気分になった。わたしが探していた官憲がやってくるのかどうか、わたしは尋ねた。ママ・カメンディは「わたしたちは、飛行機が到着した時、あなたがなぜ悲しいげな表情をしているか知ってるのよ。官憲たちがムワナからモーターボートに向かって歩いてゆくのを見て、あなたがどんな反応をするかもわかるわ。だけど、わたしたちの忠告も聞いてね。これはすべて、あなたが騙されたからなのよ」と彼女は言った。わたしは、一番の友人に騙されたことを、レイプした男から聞いて知っていると、彼女たちに伝えてあったのだ。しかし、今はそれが問題ではない。わたしはもう少しでママ・カメンディに向かって叫びそうになったが、同じく拘留されているワイザカ出身のカリオキが子供たちを病院から連れてきてくれたので止めた。

　子供たちはわたしに、拘留者のひとりであるケノズィア・ワ・ジョーンズが世話をしていてくれたと言った。ケノズィアは、マウマウを容赦なく残酷に弾圧することで悪名高いケノー・リネージの首長ルーベン・ケアンボゼの兄弟だった。ケノズィアは、病気にかかった森の戦士に薬を売った罪で拘留され、拘留地ラム島で私たちの治療にあたっていた。病院の人手が不足していたため、無料で仕事を引き受けていたのだ[1]。その日、彼は、マラリアに罹った子供たちの手当てをしていた。わたしも非常に気分が悪かったので、彼に診てもらった。わたしは、ラム島に同行した子供ひとりにつき四〇シリングの手当てを支給された。子供たちのためにミルクを買いに行った時、わたしはニエリからの拘留者を管轄しているゲコヨ人の主任検察官《チーフインスペクター》に出会った。彼は、近づきやすいと思わせる調子でわたしに話しかけてきた。（後にわたしは彼の名前がデイヴィッドであることを知った）。わたしが返事をする前に、彼は「ラム拘留キャンプをどう思うかね」と聞いてきた。わたしは一息ついてから「満足しているわよ」と答えた。

嘘をついて窒息しそうになったが、仕方なかった。それから彼に「それほど白くない白人の大きな男を知ってる？　蜂にさされたか、もしくはかつて痘瘡をわずらったかのような顔をしている男よ」とわたしは彼に尋ねた。「すごく大きな男？」「そう、いつもカーキ色のショートパンツを着ていたわ。」「うん、知ってるよ。主任検察官のことだね。」わたしは不安を押し隠して言葉を遮り、彼が親切で、缶詰の豆や牛肉やビスケットをくれたと話した。「とても親切にめんどうをみてくれたのよ」とわたしは言葉を結んだ。彼は無邪気に「主任検察官のルドルフ・スピードのことだね」とわたしに答えた。「それが彼の名前なの？」とわたし。「じゃあ、また明日ね。子供のミルクを買う時間がないから……」と言って、わたしは急いでその場を離れた。わたしはミルクを買い、ルドルフ・スピードという名前を頭に刻み込んでいそいで宿舎に戻った。わたしは県長官のアランから紙をもらってきていたので、家に手紙を書くことができるかもしれないと思ったからだ。わたしはペンと紙を用意し、名前を書いた。ベルトをはずすと、その縫い目をほどいた。紙を中に押し込み、また縫い目を元通りになおした。結局、わたしがベルトをはずしたのは、拘留地を離れ、家にもどった時だった。わたしは名前を読んだ。読者のみなさんがわたしの立場に立ってみてくれたら、その時、わたしの心に何が去来したかを想像できると思う。これは、わたしを裏切った同志であるフィアンセとの友情の終焉を画する事件でもあった。それ以来、私たちは異なる道を歩いてきた。時には対立する場合もあった。彼がわたしを裏切ったということの真偽がどうであれ、わたしは、もはや彼を信じることができなかった。

（1） こうした仕事は俗に「共同作業」（communal work）と名づけられていた。ゲコヨ語では、「通常の」を意味するカミューナ（もしくは、スワヒリ語でカワイダ）と呼ばれていた。

第六章　釈放、そしてS・M・オティエノとの結婚

わたしは一九六一年一月二三日に、健康上の理由で釈放された。妊娠し、マラリアと下痢と吐き気に悩まされていた。ラム島では、蚊帳の使用を許可されていなかったため、マラリアに感染したのだ。地元の住民や官憲たちは、夜間に蚊に刺されないよう蚊帳を使っていた。しかし、蚊帳を拘留者や禁足者に提供することは贅沢だと考えられていた。ルドルフ・スピードやその他の官憲たちがラム島に戻ってきた目的は、釈放と引き換えに活動を止めるよう説得するために、再び尋問することにあった。スピードの飛行機が着陸するのを見た時、わたしは、彼がまたわたしをレイプするかもしれないと想像した。彼はラム警察署のオフィスにくるよう五九号（わたしの拘留番号）を呼び出した。驚いたことに、彼は非常に親切で、わたしが妊娠しているかどうかと尋ねた。わたしは「はい、妊娠しています」と答えた。それから彼は、わたしを釈放するためにどのように国防大臣に接触したかを話し始めた。大臣は、条件付きでわたしを釈放することになっている、と彼は言った。スピードは署名をするようにと、書状を取り出した。そこには、わたしは解放運動、とくに秘密の運動によって組織されたいかなる活動に

も参加しない、と書かれていた。マウマウに関しては「わたしはマウマウとその運動、およびそれに関係するすべての活動を非難する」となっていた。わたしは署名を拒否し、いかなる秘密の運動のメンバーでもないとスピードに言った。さらに、わたしは秘密でもなんでもない正規の政党の役員であり、決して自分のやっていることを裏切るようなことはしたくないと話した。彼がしつこく署名を迫った時、わたしは警察のスパイでもホームガードでもなかったと彼に言った。わたしが態度を硬化したので、キャンプに戻さねばならないと彼は悲しげに語った。しかし、彼はわたしの釈放に向けてさらに努力を続けると約束した。わたしはどうぞ御勝手に、と言った。

ナイロビに戻ると、ルドルフ・スピードは、書状に署名をしてもらいに、わたしの兄の弁護士事務所を訪れた。わたしの兄はケニア高等裁判所の弁護士をしていて、ちょうど自分の事務所を開設したところだった。スピードが彼に署名を依頼した。すると兄は、秘密の組織に関係することには署名をすることができないが、妹がナイロビ人民会議党の女性部門の議長であるとの書状だったら署名をすると言った。ルドルフは戻って、書状を書き換え、わたしの兄がそれに署名をした。しかしわたしは、これでわたしが釈放されるとは思っていなかった。案の定、その書状は大臣によって拒否されたのだ。わたしはラム島から他の移動制限区域へ送られるという命令を受けた。

再審委員会《レヴュー・コミティー》には高等裁判所の判事が含まれていた。彼らは、いつ、どのような条件の下で拘留者が釈放されるかを決めていた。委員会は、定期的に拘留キャンプや移動制限区域を訪問し、個々の事例の再審を行なった。わたしの事例が再審査にあがった時、委員会はわたしの詳しい健康チェックを行なうよう勧告した。その結果、わたしはひどい貧血症をわずらっていることがわかった。こうしてわたしはラム島からナイロビに移されたのだった。わたしが到着すると、ふたりの官憲が出迎えた。そのひとりは、婦人警官のヘリッツ＝スミスだった。彼女はわたしが妊娠しているのを知ってびっくりしたようだったが、何も質問しなかった。

わたしはスペシャル・ブランチの事務所に車で移送され、そこで、釈放のための文書に署名するよう言われた。条件は同じ――秘密の組織のメンバーであることを告白し、マウマウを非難する――だったので、わたしは拒否した。すると彼らは、エンブかマルサビットに連行されることになるとわたしに言った。わたしは、それで結構と、威厳を持って言い放った。わたしは鉄道の駅に連行された。駅に到着した時、わたしは、コンゴ＝ブラザヴィルからボロ切れをまとって到着したヨーロッパ人たちを見た。彼らは、独立を勝ち取ったばかりのコンゴ人に襲撃されたのだった。官憲たちは、これがケニアの独立政府におまえが期待していることなんだろうと、わたしに言った。わたしからすれば、それこそヨーロッパ人がケニア人に対して行なったやり方だと言い返した。イギリス人は女性や子供をマアサイランドのオレングルオネから強制的に退去させたのだ、と。実際、彼らは裸同然で飢えて東部州に到着したのだった。わたしは、コースト州のホラ・キャンプでの拘留者虐殺事件や、マニャニ・キャンプなどでの死亡事件についても話した。官憲たちは、これを聞いて黙ってしまったが、女性の官憲は、後で痛い目にあうだろうとわたしに忠告した。ええ、結構よ、とわたしは答えた。

鉄道の駅を通りすぎ、わたしはスペシャル・ブランチの本部に連行され、部屋に入れられた。他の子供たちは、この間、ずっと一緒だった。兵士がスナックやコカコーラを私たちにくれた。二時間後、オフィスで何が進行しているのか、わたしの監視がどこにいるのか知らなかった。二時間後、釈放命令を受けた。ヘリッツ＝スミスともうひとりの役人が、以前逮捕された時に住んでいた団地《エステイト》に私たちを車で送ってくれた。それは、ナイロビ・シティ・カウンシル団地だった。逮捕されて拘留された後、わたしが住んでいた家は他の人に貸し出されていた。わたしは、わたしが所有していたすべてが消えうせているのを見て、狼狽した。わたしは隣の家にでかけていった。市議会の役人がわたしの持ち物を家の外に出し、新しい住人に、持ち去らないよう命じたけれど、翌日、すべてがなくなっていたと隣人は話してくれた。隣人は盗んだ人を特定できなかった。彼女は、わたしが以前に彼女に貸してあった接客用のお盆を返してくれた。彼女は交通費にと、二〇シリングをわたしにくれた。わたしは子供たちを集め、一番小さな子を負ぶって、車を拾える隣の団地まで歩いて行った。そこでわたしは、三カ月半の拘留後に釈放された拘留者のひとりが所有している店に行った。彼の妻は、わたしを見て非常に興奮し、夫を呼んだ。彼は信じられないといった風にわたしを見つめた。彼らの住まいは、店と同じ建物にあり、翌日まで滞在するようにすすめてくれた。朝食後、夫妻はわたしをタクシーで、ラジブ・マンズィル・ビルにあるわたしの兄のクリニックまで送ってくれた。そこには、看護師であるわたしの妹だけがいて、兄は留守だった。彼女はわたしを見て、飛び上がらんばかりに喜び、仕事を放り出して兄の事務所に座り込んでしまった。彼女は子供たちに食事を与え、風呂にも入れてくれた。しばらくして、わたしはトイレに行くために兄の事務所を出た。ちょうどその時ドアが開いて、兄が入ってきた。兄はわたしを見て、駆けより、わたしをしっかりと抱いた。わたしは、兄が家をみつけてくれるまで、ナイロビ・サウスの彼の家に居候した。

Ｓ・Ｍ・オティエノとの結婚

ナイロビに戻ると、わたしは弁護士をしている兄のところで働いた。わたしをレイプした男を告訴する決心をしたわたしは、ラム島での悲惨な経験を兄に話した。彼は、自分のかわりにと、ひとりのルオ人の弁護士にわたしの事案を託した。その弁護士は、しばらく行動を起こさなかった。ジョモ・ケニヤッタが拘留《ディテンション》と移動制限《レストリクション》から解放されるまで何もしなかったのだ。わたしはシロナ・ハウスの事務所で、ケニヤッタにすべてを語った。彼はその話の全容を、政治家でありフリーダム・ファイターでもあったインド人の弁護士チャナン・シングに伝えた。チャナン・シングは法務長官のウェッブと警察局長のカトリング宛てに手紙を書いてくれた。

しかし、わたしは呪われていたように思われる。というのは、手紙は、最終的に、レジストラー・ジェネラルの事務所［登記関連事項を総括する事務所］で働いていたアフリカ人弁護士の手に落ちたからである。彼はわたしの家の近くに住んでいたゲコヨ人ではあるが、わたしを裏切った男である。わたしは彼がひとり二役を演じていると確信していた。ケニアは、まだ総督によって支配されていたし、弁護士の父親は植民地時代の首長職《シニア・チーフ》にあった。この弁護士は、シロナ・ハウスのケニヤッタ事務所を訪問した時でさえ、まだケニアに居残っていた植民地行政官と共謀していた。彼は、手紙が彼の事務所に配達される前に、何が起ころうとしているかをすでに警察局長に報告していた。局長は迅速に動いた。彼は主任検察官のルドルフ・スピードに四千ポンドの報酬とイギリスまでの無料飛行機券を与えたのだ。以来、わたしはこのゲコヨ人の弁護士を許していない。彼が白人に対して劣等感をもっていたことは、多くのアフリカ人が知っている。だから彼は、残虐なレイプ犯のために、揉み消しをしてやったのだ。

しかし、当初、スピードは、アフリカを離れるつもりはなかった。彼が働いているところを探し出すために、わたしは裁判所近くのスペシャル・ブランチ（そこには、今、ケニヤッタ・カンファレンス・センターが建っている）の事務所を訪ねた。わたしは、そこで彼を発見した。彼はわたしと話をするために出てきた。彼はわたしをアルーシャに連れて行きたいと言った。ナイロビに転勤させられる前、彼はそこで働いていたのだ。アルーシャで子供を産めば、マウマウに殺されることはないだろうというのだ。わたしは、いかなる状況でもケニアから逃走しないと、彼に答えた。非常に落ちついて話したので、彼はわたしが告訴しようとしているとは

法衣を抱えて裁判所を出るS. M. オティエノ弁護士
写真©*Nation Newspaper Ltd.*

思いもしなかっただろう。しかし、彼はケニアを去ってしまった。後になって、ケニヤッタはスペシャル・ブランチの調査チームを派遣し、スピードがロンドンのランカスター・ゲイトで護衛の仕事をしていることをつきとめた。捜査の手が伸びたことを察知した彼は、姿を消した。結局、彼はオーストラリアに逃亡してしまった、とわたしはケニヤッタから告げられた。

こうしたことが起こっていた間も、わたしは最初の弁護士を解雇していなかった。しかし、彼はあまり仕事をしなかったので、わたしは、彼といっしょにズィカで法律関係の仕事をしていた兄に会うことにした。場所は、プリンス・ホテルと決まった。わたしは、兄の来るのを待って、そのルオ人の弁護士と一緒に座っていた。しばらくすると、背の高い、グレイの髪をした男性が入ってきた。彼の名前はシルヴァノ・メレア・オティエノと言い、わたしの弁護士などからは「SM」と呼ばれていた。わたしは、彼の顔に見覚えがあった。というのは、彼はいつもナショナル・グリンドリース銀行（現在ケニア国立文書館となっている）の裏手のヴィクトリア通り［現在のトム・ボヤ通り］のバス停で会うたびに笑顔でハローとわたしに声をかけてきていたからである。わたしの弁護士は、わたしが、SMもよく知っているモゴ・ワイヤキ弁護士の妹であると彼に紹介した。S・M・オティエノは、わたしが一九五一年に父親と一緒にいつも裁判所を訪れていた少女ではないかと、尋ねた。わたしの父にはたくさんの子供がいるが、わたしはいつも学期末になると裁判所にやってきていたと答えた。その日、父は、成績が良いとプレゼントを買ってくれることになっていたからである。オティエノは、自分がどこ出身で、ナイロビでの職を探すためにどうやってやってきたのか、いかにして裁判所で働くことになったかを話してくれた。さらに、わたしの父の助言で原住民事務通訳官の仕事に就くことができたのだともわたしに言った。彼はまた、わたしの父が、さらに勉強するにはどうしたらよいか、インド留学のための奨学金をいかにして手に入れるか、といった助言を与えてくれたことにも触れた。わたしがフリーダム・ファイターとして活動していたことを、もうひとりの弁護士から聞いていたオティエノは、カラティナでマウマウの宣誓を受けた彼自身のいきさつを語った。エルドレットの裁判所に移動になった後、彼はウアシン・ギシュ県のクリスパス・ボーグアやＡ・Ｏ・ピーターといった人びとと一緒に働いていたのだという。

私たちは兄を待つ間、真面目な議論に没頭していたが、すでに夜も更けてきたので、これ以上、兄を待ってはいられないとわたしは言った。わたしは彼に、また会いたい旨伝えた。この時すでに、ＳＭは、わたしの弁護士から、拘留地でのわたしの受難について聞いていた。わたしのかわいい女の赤ん坊と、わたしの精神的苦痛についてである。わたしが立ち上がって行こうとすると、ＳＭは、若いレディーがひとりで通りを歩くのは危険だと言って、バスをつかまえることができるレースコース・ロードのダムジ・ガソリンスタンドまでのエスコートを申し出てくれた。そこで、彼も妹が住んでいるマコンゲニまでのバスに乗るから、というのである。しかし、彼はタクシーでわたしを家まで送ってくれた。ＳＭは、ジーン＝マリー・セロニーと一緒に仕事をしてきたこと、ズィカにある彼の事務所を任されてきたことをわたしに話した。

また、SMはケニア最高裁判所付きの弁護士を任ぜられたため、ラジャブ・マンズィ・ビルの三階に事務所を開くことにしたとも言った。わたしの兄にあたるモニュア・ワイヤキ医師は、同じ三階にクリニックを開いていた。のちに、わたしはSMから、その時は弁護士の資格を取得したばかりで、まだ家を借りることもできない状況だったことを聞かされた。

これが、その後のわたしの人生のはじまりだった。SMはこの最初の出会い以来、決してわたしをひとりにしなかった。たとえ、わたしがこれまでの経験をつぶさに話しても、である。わたしは彼に、一〇年におよぶつきあいの中で三人の子供までもうけたフィアンセに対する不信の原因は拘留であったことを話した。尋問の時、このフィアンセがわたしを裏切ったことを知らされ不信感を持ったこと、この心の傷は決して癒えないこと、釈放後に拘留キャンプで起こったことをフィアンセに話して彼との関係を終わりにしたこと、などである。大金持ちであるフィアンセが、わたしが子供たちと住むために買おうとしている家を見に、わたしをモザイガ（ナイロビの高級住宅地）に自動車で連れて行ったいきさつも話した。しかし、政治的な理由で、彼は同じ民族の女性と結婚するつもりであると告げられたのだった。彼はわたしと子供たちをサポートしてくれるつもりだった。わたしは内縁の妻としてモザイガに住むことになっていたのだ。わたしは家具なんかじゃない、と言ってこの申し出を断った。わたしは、こうして、ひとりで子供たちを育ててゆく決心をしたのだとSMに説明した。

こうしたことを話したのは、わたしのことを本気で考えないようSMを牽制するためだった。

それに、いずれにせよ、世間に知れ渡っている十年におよぶフィアンセとの関係を、彼が知るにちがいなかった。彼に嘘はつきたくなかったし、後になって告白するのも嫌だった。ＳＭは、わたしの打明け話を聞こうとせず、わたしをじっと見つめていた。わたしには、ＳＭを遠ざけようと思ったもうひとつの理由があった。わたしは結婚に関し、強い信念を持っていた。つまり二級市民として扱われるのは嫌だったのだ。結婚はギヴ・アンド・テイクであると信じており、誰かの奴隷になるつもりはなかったのである。また、一緒に住むならどんな人がよいかという、理想も持っていた。わたしは、自分の弱点を知っていた。わたしの夫は、インテリでなければならなかった。それ以外の人とはうまくやっていけないと感じていたのだ。

私たちの恋愛期間は、とても奇妙なものだった――弁護士と政治家！　わたしは、彼との関係が深まると政治参加ができなくなるかもしれないと考えて、そうした自由を失うことを警戒していた。ＳＭはたいそう我慢づよかったので、ほどなく私たちは、共通点がたくさんあることに気づくようになった。ＳＭは愛すべき人物だったが非常にシャイだった。わたしもまた同じだった。わたしにとって、それは「一度嚙みつかれたら、二度目は臆病になる」ケースだった。わたしがＳＭに会った時、まだ男はすべて悪魔と思いがちだった。親友でもあるフィアンセがわたしを裏切り、ルドルフ・スピードはわたしをレイプしたのだから……。わたしにとって、わたしを裏切った男はスピードより憎かった。婚約を破棄したことを正当化し、わたしを妾にするために、わたしを拘留キャンプに送り込む必要はなかった。ＳＭの辛抱強さと包容力が男性に対するわたしの態度を軟化させてくれ、通常の人間にわたしを戻してくれた。

わたしは、来るべきSMとの結婚に対する母の反応をも心配していた。彼女はどう思うだろうか？　わたしはもう充分間違いを犯した。今度間違いを犯せば、悲惨だ。わたしは、父がいろいろな町で働き、他民族の友人を持っていたが、母は他の民族の人と交流したことがなかったことを知っていた。母の唯一のゲコヨ人以外の友人は、アナム氏だった。彼は警官だった父の同僚である。わたしにとって、それだけでは充分ではなかった。わたしは、SMがわたしの家に連れて行ってくれないかと言った時、それを断った。中央郵便局から一一マイルもあり、わたしの家は遠いからと言ったように思う。しかし、彼は正式に結婚し、わたしの両親ともうまくやっていきたいと主張した。

わたしが、SMを両親に会わせようとしなかったため、彼は密かに計画を練った。運転手が休みを取ったある日曜日、SMは知り合いのタクシー運転手に、カレンのワライ・ロード・サウスにある私たちの家に行くようたのんだのである。私たちは、ふたりとも運転免許を持っていなかった。わたしはまだ母乳を飲ませていたので、SMがそれほど遠出をしようとしているとは考えてもいなかった。わたしは、医者から母乳がそれほど出ない体質だといわれていたので、娘は哺乳びんで育て、有能な乳母を雇っていた。SMは、わたしが何も疑わないことを知っていた。わたしが、全面的に彼を信用するようになったことを、彼は知っていたのだ。ついに、彼はスピードとフィアンセによって蒙った試練を乗り越えさせてくれたのだった。タクシーが到着すると、SMは、子供ぬきで日曜の午後のドライヴをしたいと思っているとわたしに言った。乳母のケレアが万事めんどうを見てくれる。「ムサジャ、きみは疲れているんだから、気分転換が必要だよ」とSMは言った。わたしは同意した。SMはわたしの操縦法を知っていて、誰にもできなかったことをわたしにやらせた。ムサジャはSMがわたしにつけた特別の名前である。バガンダ語で男やミスターの意味を持っていた。それは、わたしが男性のように強く勇敢だったため、反乱期間中、マウマウの同志がわたしにつけたニックネームだった。

私たちは町に行き、アイスクリームを買い、リムル・ロードに出た。モザイガを通過するまで、彼とわたしは議論に夢中になった。議論はとても興味深かった。「きみの実家があるケアンブー県までドライヴしよう」と彼は言った。ケアンブーまでドライヴしようとしていて、SMがなにを計画していたか、推測もしなかったなんて、わたしはバカだったと思う。とにかく、車は、わたしの家からどんどん離れていった。ケアンブーのコーヒー園を通り、リムルの茶畑へと入った。わたしは生まれ故郷を眺めるのを楽しんだ。今回は、マウマウのメンバーだった時に避けていたホームガードのことも気にしなくてよかった。私たちはモーゴーガ、リロニ、それからザンベジ・ホテルをやりすごした。不安が頭をよぎった。「どこへゆくのかしら?」質問をする前に、車はローンギリを通過してモゼーガに近づいていた。それでもわたしはSMに質問できなかった。彼がわたしの家に車を乗りつけるほど勇気があるとは信じられなかったからだ。わたしは運転手に「今、モゼーガよ。わたしの実家はそこよ」と言った。車が家の門の方へ曲がった時、わたしはショックで口もきけなかった。一方、SMは運転手にわたしの家の門を指し示している。午後の散歩を楽しんでいた父は、ゴング・ヒルの方を眺めながら門の外に立っていた。わたしは父に挨拶をした。それから、わたしが最もおそれている人物がいる台所に近づいていった。

わたしは、母の顔を見て、震え出した。その表情は、万事がまずいことを物語っていた。「元気?」とわたしは母に話しかけた。「ええ、元気よ」と母は静かに答えた。それから「これをどこで見つけたの?」とわたしに問いかけた。これ、というのは動物を含むすべてを意味するが、決して人間を意味しない。動揺したわたしは「お茶を入れましょうね」と母に言った。この時、わたしは正門の方に歩いてくる父とSMを窓越しに見つけた。SMに母の言葉が聞こえたのではないかと、わたしは心配した。実際、彼はゲコヨ語がわかるので、すべてを聞いてしまっていた。後になって、彼は母の一番の親友になったのだが、彼は決してこの時の母の言葉を忘れることはなかった。彼はわたしをからかうように「これをどこで見つけたの?」とわたしによく言った。それから、笑いながら「ムサジャ、ママがどんなに僕のことを好きか知っているだろう。僕が何か悪いことを君にしたと、君がママに言いつけても、ママは絶対に耳を貸さないよ」と笑いながら言うのだった。

この運命的な日、モゼーガを離れる前に母はわたしに、ナイロビ・ウェストのわたしを訪ねるたびに、この男性がわたしの兄モゴと一緒に訪ねてきていたことを思い出したと言った。訪ねるたびに彼も来ているなんて、あり得ない偶然の一致だと気づいていた、と彼女は言う。老人は何も気づかないと思われているけど、それは間違っているとも言った。母は、わたしがSMと一緒に暮らしていたことを知っていたのだ。いずれにせよ、母はわたしが好きなようにしたらよい、しかし後悔したり、他人を非難したりしないように、と言った。「わたしとティラスは、あなたを育てたけど、あなたの人生を決めるのはあなた自身よ」と彼女は付け加えた。しかし、「相手が、ご近所の誰かだったらもっとよかったのにね」とも言った。母の最後の言葉は「警告に耳を貸さない者は、結果を引き受けなければならない」であった。

SMの親戚からの憎しみに直面した時でさえ、わたしはゲコヨ人と結婚しなさいという母の忠告に耳を貸さなかった。SMの妹のヘレンは、公然と私たちの結婚に反対した。かつて、SMとわたしが自動車を買った時、彼女は、なぜ「ゲコヨ人の売春婦」に運転させるのか、と尋ねたものだ。おまけに、ルオ人の女性が運転すべきだ、とも付け加えた。ヘレンとSMは激しく言い争った。その言い争いは、SMの弟のイザイアも巻き込むほどのものだった。彼は、そんな風にSMの妻を侮辱するいわれはない、とヘレンに言った。イザイアは出て行った。わたしが知る限り、ヘレンに会ったのは、それが最後だった。どんなに耐えるのが困難でも、SMの親戚からの意地悪な言葉がわたしの心を変えることはできなかった。

SMの親戚は、SMが非常に年取った女性と一緒に暮らしているといって、今度は彼の父親であるジャイロ・オウゴ・オユギを説得にかかった。オユギ老は、SMの釈明を聞くため彼をニャミラの自宅に呼び出そうとした。中立的な立場で会おうと決めたSMは、キスムで会えないかとのメッセージを父親に送った。オユギ老がどんな話を聞かされたのかを知ったSMは、ワンボイと一緒に住もうとしているのは自分であると答えた。後になって、オユギ老は予告なしに息子の家を訪ねる決心をした。従兄弟《いとこ》の妻スザナ・オウマを伴って、彼はやってきた。オユギ老が家に入ってくるや、わたしは彼に挨拶をし、そしてオウマ夫人の方を振り向いた。彼女とはすでに会ったことがあった。オユギ老は、息子と一緒に住んでいるのはあなたか、と言う。オウマ夫人が、わたしにかわって、そうだと答えてくれた。オユギ老は「息子は年寄りの女性と暮らしていると聞いてきたんだが、おまえさんは赤ん坊じゃないかね。SMはどこにいるんだ」と尋ねた。彼はバスルームにいます、と答える前に、オユギ老は、息子をわたしの両親に会わせに連れて行くべきだ、と言った。そこで朝食後、私たちはそろってわたしの実家に行った。オユギ老はインテリだった。わたしの両親と話をしたあと、私たちは農園に案内した。実家の状況を知った彼は、どのようにしてわたしが育てられたかを理解した。SMとわたしは、両親をザンベジ・ホテルまで連れてゆき、お互いが顔見知りになる機会をつくった。私たちが戻ると、すでに彼らは親しくなっていた。別れる時、義父にはゲコヨ人の民具である籠とトウモロコシと豆が贈られた。彼はそれを植えるつもりだと言った。のちにSMがわたしを彼の実家に連れて行ってくれた時、その籠が壁にかけられていた。オユギ老はそれをわたしに見せて、籠は息子がゲコヨ人女性と結婚した証拠だと言った。彼は、息子が間違いを犯したことはなかったから、親戚には息子たちにかまわないでおくように話したとも言った。

SMは何度も、正式に結婚をすべきだとわたしに懇願していた。しかし、わたしは真面目にそのことを考えたことはなかった。私たち二人の両親に会った後も、わたしは結婚することが正しいことかどうか自問自答していた。わたしはもう結婚できないと、信じ込んでいたということもある。SMとの不法な同居について真面目に考え始めたのは一九六三年六月一九日に息子が生まれてからだった。どちらかに決める絶好のチャンスだとわたしは思ったが、別れるつもりはなかった。かといって、正式に結婚すれば、夫がわたしの自由を束縛するだろうと案じていた。おそらく、彼はわたしが政治活動に巻き込まれることや、与党の中でなんらかのポストに就くことに反対するだろう。これは、わたしにとって受け入れ難いことだった。一九六三年七月、わたしはこのことについてSMと話し合う決心をした。

ある晩、SMが仕事から帰るやいなや、私たちは、いつものように一緒にお茶を飲んだ。それから、わたしは夕食の準備のために台所に入り、SMは娘のジェーンとペギーを連れて屋敷の周囲を散歩しにでかけた。手早く夕食の準備を終え、子供たちに食事を与えた。あとは乳母にすべてを任せ、わたしはSMに、外の空気が吸いたいので、ちょっと散歩にいかないかと誘った。そして、結婚せずに一緒に暮らしていることについて真剣に考えたこと、決心をするに当たって、彼の助言が必要なことを彼に話した。わたしを悩ませている深刻な問題がある、とわたしは切り出した。それは何なのか、と彼は問い返し、僕は一生きみと一緒に過ごす決心をしている、と彼は言った。唯一必要なことは法的な登録をすることだけだ、と言いながら彼は、わたしもわかっているように、私たちがクリスチャンの両親に対してどんなにすまないことをしてきたかをわたしに思い出させてくれた。わたしは、彼にとっての法的な結婚が、わたしの自由を束縛し、政治的な会合や公的活動を阻害するかもしれない、というわたしの不安を話した。（当時、わたしはケニア・アフリカ人民族同盟のカレン地区の書記《セクレタリー》をしていた。）SMは、奴隷とではなく、何をするか、どこへゆくかを決める自由を持っている妻と結婚するつもりだと言った。彼は、離婚が嫌いなので、私たちがうまくやっていけるかどうかを確認するために一緒に過ごす時間が必要だったのだと付け加えた。離婚した時の被害者は子供たちだからね、と彼は言った。母親の死後、義母の手で育てられた自分の経験を、彼はわたしに語った。

一方、わたしはラム島での経験に起因するもうひとつの危惧について語った。わたしの精神面での問題に対する彼の配慮に感謝しながらも、わたしはまだイギリス政府を告訴する希望を捨ててはいなかったのだ。SMは、子供たちのためにも、つらかった経験を忘れるよう努力すべきだと主張した。法的措置はわたしの心の傷を癒しはしない、それは単なる復讐だから、と彼は言う。「ムサジャ、神に任せなさい。僕は幸せな結婚を望んでいる」とも言った。彼が離婚のケースを扱うのを拒否していたのは、そうした理由からだった。彼は、離婚の危機に直面した夫婦には、和解を薦めるようにしていた。料金は受け取らなかった。和解が拒否されると、彼は他の弁護士を紹介していた。

結婚についてさらに話し合った後、私たちは正式に結婚すべきだとの合意に達した。しかし、私たちは、この計画を公表する前に両親に相談すべきだとも思っていた。わたしは、もし結婚するとしたら、八月一七日にしたい、と告白した。その日は、曾祖父がキブウェズィに追放された日であり、わたしは曾祖父に敬意を表したかったのだ。SMは、どの日であろうと構わない、母の死んだ日も知らないのだから、と答えた。彼の母が死んだ日は、SMが私たちの結婚の日にしたかった唯一の日だったのだ。母の追憶のために……。彼は、母が死んだ時、キリスト教に反対する人びとによってニャミラにある教会の近くにあった家が燃やされてしまい、母の遺品はほとんど残っていないとも言った。最大の損失は、母の写真だった。父が子供たちの名前と誕生日を記録していた冊子も燃えてしまった。その結果、SMはマセノ・スクールに入学する前、誕生日が登録されていたホノ教会に行って調べなければならなかったという。

こうした記憶を払いのけ、SMは、結婚の手筈を整える時間があまりないことをわたしに思い出させてくれた。のんびりしていると、もう一年結婚を延期せねばならない、というのである。時すでに七月になっていた。「ムサジャ、曲がり角だよ。準備をただちに始めるべきだ」とSMは言った。さらに、彼は、父親はすでに結婚に同意していることをわたしに告げながらも、翌日、さっそく父親に手紙を出そうと言う。彼は、明日、仕事が終わったら、わたしの実家にも行こうとも言った。

翌日、私たちは打ち合わせ通り、わたしの実家へと向かった。SMとわたしは、カレン・シヨッピング・センターのすぐ近くに住んでいた。ダゴレッティのマーケットを通過してゆけば、ほんの数分で実家に着く。ほんの少し両親とおしゃべりをした後、わたしは、こんなに夜遅い、突然の訪問のわけをゲコヨ語で話そうと決心した。父は「こっちに来て、ゲトゥコの娘の話を聞こうじゃないか[1]」と母に言った。母は他の部屋で、お茶と焼肉の準備をしていた。母が戻ってくると、父は、今の話を、もう一度母にするようにと言った。正式に結婚するつもりであることを話すと、母は「おとうさん、お腹が空いている人と議論はできませんよ」と言って、料理をしに部屋を出て行った。ＳＭはやさしいゲコヨ語なら理解できたが、だんだん難しくなってきた。どうなるか見当がつかず、ＳＭが心配しているのがわかった。わたしは、話の内容を通訳し、母はただ食事の準備をしにもどっただけであると説明した。

　お茶と食事が済むと、母は座った。わたしはどう切り出してよいかわからず、震え出した。予期していたより、状況は悪いように思えたからだ。結婚について、わたしから両親に話すことは、ゲコヨ人の慣習に反するのだ。通常は、わたしがまず、客がくる日を母に告げるべきなのである。しかし、わたしはそれをしなかった。ゲコヨ人の結婚の慣習に従うつもりがなかったからである。心のどこかでは婚資を容認していたが、わたし自身は買われてゆくのは嫌だった。両親の前で、わたしは慣習法ではない法律婚をするつもりだと言った。その先の話をする前に父は私たちに「子供が連れ去られる時には、その証拠が与えられる」と言った。ただちにわたしは、「お父さん、その慣習はもう古い。わたしは好きではないわ。わたしは売られる山羊ではないもの。あなたの子供なのよ。誰にも売らせはしないわ。だけど、もしわたしが結婚して、お父さんたちがわたしの助けを必要とするなら、いつでもそうすると、約束するわ。何かをしなければならない時には、決してわたしをのけ者にしないでね」と答えた。今まで、わたしはこの約束を守っている。

父は、SMの方を振り向くと、わたしが言ったことがわかったかどうかと尋ねた。彼は、わかりましたと答えた。その先に話をすすめようとした父を遮《さえぎ》って、わたしは一九六三年八月一七日に結婚するつもりであると告げた。すると父は、すべてを決めたのならなぜ会いにきたのかとたずねた。SMは、わたしにかわって、私たちは夫婦として暮らしているが、これは非合法であって、自分の父親もこれには不満をもっている、だから、きちんとしたいと思っている、と答えた。わたしの叔父でもある運転手が「兄さん、この若者はいいやつですよ。結婚する手助けをしてやりなよ」と言い添えた。SMとは、もうすっかり仲良しになっていた母は、この間、何も言わず静かにしていた。その後、彼女は微笑みながら、何をして欲しいの、と尋ねた。わたしは、ジャヘ（フジマメ）とジョゴ（ササゲ）を調理し、熟れたバナナとミルクを準備して欲しいと言った。彼女は引き受けてくれた。わたしは両親に、親戚に知らせることもたのんだ。わたしは、そのための招待状が出来次第、送付することを約束した。

結婚式は一九六三年八月一七日の土曜に行なわれた。私たちは、ナイロビの県弁務官事務所に結婚届を提出した。SMが、教会で結婚式を挙げたいというわたしの考えを拒否し、法的な結婚を望んでいたからである。わたしの職場のパートナーであるジョン・ダミアノが式の前夜に到着した。彼はプリンセス・ホテルのオーナー代表で、わたしは彼の陰のパートナーだった。後に、私たちがキスムに引っ越すまでの間、わたしはホテルの受付とマネージメントを担当していた。ジョンは解放闘争の活動家だったA・D・モイガイ氏と一緒にやってきた。彼らは、ウィスキー、水、それにグラスを持参し、私たちをおおいに喜ばせてくれた。何もしなくてよい、準備は万端だから、と彼らは興奮して言った。SMの家族三名ほどを含め、千人を越えるゲコヨ人やその他の民族や人種の人びとが出席した。SMの弟イザイア・オディアンボは、七月末に私たちを訪ねてきていた。もうすぐ結婚式だから、それまで泊まっていくようにすすめたが、ムワンザに行かねばならない仕事を抱えていたので無理だった。それに、彼はニャミラにいる父親に会いに行きたがってもいた。SMのもうひとりの弟であるジョアシュ・オチエングは、結婚式に出席しなかった(2)。彼は手紙で、出席したいのだが、兄弟がキスム病院に入院したので付き添わねばならないと書いてきた。車のことでけんかをしたあのSMの妹を含め、他のSMの家族が、ナイロビに住んでいるにもかかわらず式に出席しないことは確実だった。このようにして、ウミラ・カゲル・クランは息子の結婚式への出席を拒否した時に、統制力を失ったのである。彼らは、婚資を支払わなかったから、わたしに対する権限のすべてをも失った。私たちの慣習によれば、女性は花婿の父と、彼の属するクランが婚資を支払ってはじめてクランにとっての妻となる。この支払いがなされない私たちの結婚の場合、ふたりの間だけの契約なのであった。

わたしが所属するアシェーラ・クランが、婚姻の儀式を行なった。わたしは招待客が歌うゲコヨ語の歌を充分に楽しんだ。

この者は、われらが者（三回繰り返し）
われらの仲間
その仲間を、やつらは侮辱した
ヘイ！　歌はうたわれた
ここは、われらが場所（三回繰り返し）
どこに座ろうと、きみの勝手
ヘイ！　歌はうたわれた
ゲシェーリ・クラン（三回繰り返し）
メンバーは大勢、だけど家はあちこち
ヘイ！　歌は歌われた

ゲシェーリは、ジェーリの子孫であり、私たちのクランの祖先にあたる。この歌をうたうことによって、わたしのクランのメンバーはわたしがゲコヨ人であり、私たちを侮辱したクランのメンバーになるのではないことを強調していたのだ。独立闘争の間、心身一体となって活動した民族へのこの帰属意識は、わたしを非常に興奮させた。わたしは、ハンナ・ワンジコ・コンゴが音頭をとり、解放闘争を一緒に闘った女性の仲間たちがゲティーロ・ダンスを踊り、マウマウの歌をうたったその日のことを鮮明に覚えている。それは、素敵な結婚式だった。私たちは皆、ケニアが自治政府を組織し、その完全独立を目前にして喜びに満たされていた。SMとわたしにとって、結婚式は非合法の夫婦として二年間を一緒に暮らしていたという後ろめたさからの解放であった。

わたしがSMと結婚した時、彼は自分の家族のことをすべてわたしに話してくれたし、わたしも彼にわたしの家族のことをすべて話した。彼は、彼と兄弟姉妹が、継母から受けた仕打ちについても語った。さらに、彼の義妹であるリスパ・オチエングについてのショッキングな話も聞かせてくれた。彼の弟ジョアシュ・オチエングは、リスパに、キスムにある鉄道宿舎で一緒に暮らすよう誘った。ジャイロ・オユギ老がこれを聞いて、息子に会いにキスムまで出かけた。リスパの前で、オユギ老は、息子との結婚を許さないから立ち去るようにとリスパに言った。しかし、彼女が拒絶したので、オユギ老はどうしようもなかった。リスパは食べ物を用意し、その中に毒を入れた。しかしオユギ老は、何か変だと思い、食べ物を猫にやったところ、それを食べた猫は翌日に死んでしまった。ジョアシュが昼食に帰宅した時、その食べ物がまだテーブルの上に残っていた。リスパは、すばやくその食べ物を運び去った。彼女は、こちらの方がもっと暖かいからと言って、彼に他の食べ物を出した。わたしは、この話をSMから聞いて、信じられなかった。わたしがこの話を信じたのは、オユギ老が泊まりにきて、この話を直接確認した時だった。わたしがオユギ老を病院のクリニックから連れて戻ってきたある日の午後、彼はこの話をすべてわたしに語ってくれたのだった。彼は、もしリスパが二人の息子を産まなかったら、家に同居することを許さなかっただろうとも言った。

結婚すると、わたしは裏方の秘書兼オフィス・マネージャーとしてSMを支えた。この仕事は、実際には一九六二年から始めていた。時には、メッセンジャーや書記としての仕事もした。休んだのは、妊娠した時だけだった。結婚後、わたしはパートで働き、しばらくしてフルタイムに戻った。一緒に長く住んでいたので、新婚旅行には行かなかった。収入とSMの出世のために、わたしは喜んで働いた。仲が良くなければ、夫婦が、同じ事務所で一緒に働くのは難しいと思う。SMは、二重の意味でわたしのボスだった。一四年間は、彼のためにフルタイムで働き、その後、彼が死ぬまではパートタイムで働いた。

仕事が終わると、一緒に夕方を過ごした。家で過ごすこともあれば、どこかに飲みに行くこともあった。一九七一年にランガタに引っ越した後は、ランガタ・クラブをよく利用した。のち、SMの従兄弟《いとこ》のヒラリーがボマス・オブ・ケニアという新設の文化センターに転勤になると、ランガタ・クラブでなく、この文化センターに行くようになった。ヒラリーはとても親しい友人になった。彼は、私たちのことを良く知っていると言えるSMの唯一の家族メンバーだった。私たちは、彼のふたりの子供の結婚式と私たちの養女の結婚を一緒にアレンジした。本当に親しい家族だった。不幸なことに、彼も志半ばで他界した。

一九七〇年にわたしの親しい友人であるグレース・ワンボイ・アリナが死んだとき、ＳＭとわたしは彼女の六人の子供を養子にすることにした。グレースの夫は四年前に他界していたからである。私たちは、自分たちの子供もそれなりに育て上げた。一般の常識では、深刻ないさかい――オチエング一族によるＳＭとわたしに対する裁判告発――に巻き込まれた夫婦が、このような重責を引き受けることなど論外のことだった。しかし、ＳＭとわたしは、こうした非難にもかかわらず、幸福に暮らした。

わたしは、一九八六年から八七年にかけてのスキャンダルと、ジョアシュ・オチエングの提供した情報に基づいて書かれたＳＭ一家に関する本が示唆している状況をどのように生き抜いたか、自分でもわからない。オチエングによってわたしの家族が公の論議にさらされたということを信じるのは困難だったし、今でも信じられない。私たちの息子であるジャイラスとパトリックは法廷で、父親が生きていたなら決して接触することがなかったような人びとの揶揄の対象となった。こうしたすべてのことがＳＭの実の弟によってなされたことは信じ難い。彼が義理の兄弟だったなら、もっと納得がいっただろう。彼はわたしの息子たちから父親の喪を悼む権利と父親を埋葬する権利を奪ったのだ。ジョアシュが現在直面している問題は、自業自得と言ってよい。裁判以来、彼の家族は悲惨な人生を送っている。多くが死に、死ななかった人たちは精神病になった。ジョアシュはルオ社会の尊敬を失い、わたしとわたしの子供たちからも見放されている。ＳＭの死後、通常なら、ジョアシュがわたしの子供たちの父親代わりと見なされ、尊敬されたはずだ。兄弟の息子たちに関する事柄には意見を言い、決断する権利を持っていたはずだ。結婚式や葬式や洗礼式や卒業式などに、死んだ兄弟の代わりに招待されたはずだ。しかし、彼の裏切りによって、いまや彼は私たちに近づくことはない。結局、私たち二人だけが残ることになるのだとわたしが彼に手紙を書き送った時、彼はわたしの忠告を無視した。通常なら、わたしがリスパやジョアシュやＳＭの義母マグダレーナについて話すなどということはなかっただろう。しかし、法廷や新聞、あるいは私たちの面前で語られた中傷から死んだ夫と子供たちを守るためには仕方なかった。裁判は世界中に報道され、それについて多くの書物が書かれ、わたしの家族が傲慢だと喧伝された。ＳＭが彼の家族に対して取った態度を非難した本もあった。彼はマグダレーナを信用していなかった。というのは、彼女は妖術を信じ、魔法の薬を首のまわりにつけていたからである。ＳＭは、ジョアシュの家を訪問した時、飲み物を買っても必ず彼の面前で口を開けさせるか、さもなくば自分で開けたものだった。

結婚というものは、山もあり、谷もあるものだ。バラ色だけだというふりはしてはならない。しかし、結婚のありようの違いも、場合によっては生じる。意見の相違が夫婦に誓約を振り返り、考え直すチャンスを与える。さもなければ、結婚を所与のものと見なしてしまうことになるだろう。わたしは、ＳＭの要求をよく拒否したものだ。するとＳＭは怒るかわりに、わたしは彼に従うと誓ったことを思い出させようとした。それに対して、わたしは、奴隷制は決して容認できないし、彼に従うことを誓ったとしたら、それは大きな過ちだったと言うことにしていた。そこでふたりは大笑い。あまりに笑ったので、わたしは結局、彼の要求に従ってしまったことすら気がつかないほどだった。私たちは、結婚観についてよく話し合った。結論はいつも、結婚とは自殺みたいなものだということになった。つまり、結婚とは元に戻すことができないようなものであるということである。それは、強制されることなしに自分の自由を束縛することによって、自分を欺く行為なのである。わたしは、人生最大の日であった結婚式の日をよく思い出す。後悔の念は全く起こらない。英語の諺どおり、継続する限り素晴らしかった。しかしそれは、一九八六年一二月二〇日に終わった。ジョアシュ・オチエングと彼のクランが行なったことは、SMとは何の関係もなかった。一九八七年のSM没後一周忌にあたってわたしが言ったように、もしSMが生き返ったなら、もう一度彼と結婚するだろう。わたしの心は決して変わらなかった。もう少し長生きしてくれたら、というのが私の願いだった。

(1) わたしの父がわたしを「ゲトゥコの娘」と呼ぶ時、父は敬語を用いていた。ゲトゥコはわたしの曽祖父ワンボイの父であり、わたしはこの曽祖父の名前に因んで名づけられたからである。

(2) 【編者注】埋葬をめぐる争いでワンボイと最も鋭く対立したSMの弟ジョアシュ・オチエング・オウゴは、本書の中でジョアシュ、オチエング、もしくはジョアシュ・オチエングなどと表記されている。

モスクワで新聞記者のインタヴューに答える（1972年）

訳者ノート

本書は、Wambui Waiyaki Otieno, *Mau Mau's Daughter: A Life History*, Lynne Rienner Publishers, Boulder, 1998の部分訳である。

著者ワンボイ・ワイヤキ・オティエノは、植民地時代からポストコロニアル期を通じてのケニア政治における傑出した活動により、東アフリカはもとより、広く世界に知られている女性である。マウマウと呼ばれる独立闘争では、主にナイロビ都市部における作戦に参加し、独立後はケニヤッタとモイ両体制下において、女性の自立を支援するさまざまなプロジェクトを推進し、コペンハーゲンやナイロビで開催された国連世界女性会議においても政府やNGOのメンバーとして重要な役割を担ってきた。本書は、個人的な物語を越えて、ケニアの政治や社会を映し出す貴重な記録ともなっている。

原書は一二章から構成されているが、本書では、前半の六章分の翻訳を収録した。後半の六章分を訳出しなかったのは、もっぱら紙数との関係によるが、内容的にも、前半と後半は、切り離すことができたからである。つまり、前半は独立前のマウマウ闘争の回想が中心となっており、後半は、著名な弁護士であった夫の死とその遺体をめぐる裁判についての回想が中心となっている。しかし、後半も、前半に劣らず、きわめて重要な現代的テーマであるため、その要点と、裁判の意義については、以下で紙数の許す限りの紹介を試みた。ちなみに、訳出しなかった部分は、アティエノ・オディアンボの前文、および次の各章である。

第七章　ジェンダーと政治
第八章　S・M・オティエノの死とジョアシュ・オチエングの裏切り
第九章　埋葬論争
第一〇章　S・M・オティエノの生涯
第一一章　国家の詐欺
第一二章　自由の種を蒔く

アフリカ社会の多くは父系社会である。そこでは、男性優位の規範や慣習が社会の存続の要となってきた。男性が共同体の意思決定を掌握し、女性はそれに従うしかなかった。従わなければ、女性は社会に受けいれられない。訳出できなかった原書の後半部分は、このような男性優位の「慣習」や「規範」に対するワンボイ・ワイヤキ・オティエノの果敢な挑戦の物語が中心となっている。それが、夫の遺体を埋葬する権利を獲得するために彼女がおこした裁判闘争

（一九八六年一二月―一九八七年五月）である。この裁判闘争は、「埋葬論争」（The Burial Saga）と命名され、ケニア国内はもとより、国際的にも注目を浴びた。その理由は、この裁判がワンボイの意図を越えて、慣習法と近代法のどちらに軍配があがるかという、ケニア社会存立の根源に触れる問題へと展開したからである。ワンボイの所属するゲコヨ民族とオティエノが所属するルオ民族が、ともにケニアの主要民族であり、対抗意識が根強く残っている間柄だったということや、ワンボイは時の大統領モイと対立する著名な政治家であり、オティエノはケニアで有数の辣腕弁護士であったという二人の社会的地位の高さも、この争いへの注目度を高めた。

この「埋葬論争」については、すでに何人かの研究者の手による分析や考察が発表されている。(注) そこでは、ジェンダー・エスニシティ・階級の問題と絡めて論議が展開されている。一方、渦中の人であったワンボイ自身が語る「埋葬論争」が、このような形で公にされるのは初めてである。以下、著者の視点に忠実に「埋葬論争」の概要を紹介しておきたい。

「埋葬論争」

ワンボイの夫であり、著名な弁護士であったシルヴァノ・メレア・オティエノ（以下、SMと略記）は、一九八六年一二月二〇日、心臓発作で、突然、この世を去った。五五歳だった。SMが担ぎ込まれたナイロビ病院にワンボイが駆けつけた時、すでに遺体はナイロビ市の遺体安置所に移されていた。ワンボイは、スチール製のベッドに横たえられたSMと、そこで、悲しみの対面をすることになる。

家に戻ったワンボイは、大勢の弔問客への応対に振りまわされながらも、葬儀の準備にとりかかる。一番頼りにしたのは、夫の弟ジョアシュだった。ところが、それはとんでもない思い違いだったことがすぐに判明する。ジョアシュは、SMを遠く離れたヴィクトリア湖畔の先祖の地に埋葬すると言い出したからである。SMは死後、ナイロビで埋葬されることを望んでいた。それは、ジョアシュも知っているはずだった。それればかりではなかった。ジョアシュは、SMとワンボイの名前で登録されているナイロビ郊外の屋敷の相続人は自分であるとも主張したのである。このジョアシュの言動は、一瞬にして、ワンボイ一族とジョアシュ一族との間を切り裂いた。険悪な雰囲気は次第に両陣営の緊張度を高め、ナイフや斧で武装するものも現われ、ついに、警官が呼ばれた。ジョアシュが親族を故郷から呼び寄せて加勢を増やす一方、ワンボイの親族も駆けつけ、警察も見張りを強化する。しかし、ジョアシュ一族は警官の説得に応じようとせず、にらみ合いが続いた。その時の様子をワンボイは次のように記している。

「(ジョアシュは)親族を満載した二台のバスを送り込み、脅迫しようとした。わたしは悲しんでばかりはいられなくなり、わたし自身を含め、子供たちや親族や友人や財産を守る準備をしなければならなかった。わたしは寝室に入ると、SMがソマリ人の顧客から贈られた剣を

ジョアシュ・オチエング・オウゴ（右）と彼の義理の弟（1987年）
写真©*Nation Newspapers Ltd.*

取り出した。隣人たちには、わたしのゴルフのクラブや大なたや鍬など、手近にある武器を渡した。それから、料理人と隣人たちに、紅茶をいれるのを止めるよう命じた。それは、わたしの親族が夜通し飲んでいたものだった。こうした人びとを一室に集めると、わたしはトイレやその他の部屋に通じるドアに鍵をかけた。他人が屋敷に入れないように、家の門にも施錠をさせた。それでもなお、若者たちが門を乗り越えて屋敷に侵入するのではないかと、わたしは心配した。」（p. 142）

形勢不利とみたジョアシュ一族が、ワンボイの家から引き上げたのは、それから数時間後のことだった。

ワンボイは、その後、一二月二一日から二六日にかけて、友人や親族を通して、ジョアシュとの和解を試みている。それに対するジョアシュの答えは、ワンボイがＳＭの遺体を見ることを禁じる要請文を遺体安置所に提出したことだった。ワンボイが、自分の許可なくして遺体安置所で夫の遺体と対面することを禁じる手紙をだして、これに対抗したのは言うまでもない。しかし、ジョアシュとの対決は、これだけではなかった。ＳＭの検死をめぐって、もうひとつの不可解な事件が起ったのである。

ワンボイは、検死のための遺体確認を求められ、遺体安置所に出頭を命じられる。検死は警察の病理学者が立ち会うことになっていたが、ワンボイは、その前に、ＳＭが毒殺されたかどうかを確認するための検査を政府の化学者に依頼したいので、待ってくれるようたのんだ。SMは生前常々、ルオが毒殺以外で死ぬことはないと言っていたからだ。結果は白だった。ところが、その直後、ジョアシュ一族が、SMは毒殺されたのだと言い出し、海外から病理学者を呼ぶとの声明を出したのである。その意図は、ついにわからずじまいに終わるのだが、ワンボイは、事前にチェックをしておいたのは神が自分を導いてくれたのだと記している。

さて、検死が終わり、遺体に処置がほどこされ、SMが埋葬場所にと指定していたナイロビ郊外の農園に墓穴が掘られた。葬儀は一二月二九日に行なわれることになった。ところが、突然、予定されていたラジオ放送での葬儀アナウンスメントに中止命令がだされたのである。中止命令を出したのは、政府の高官であった。この時点で、ワンボイは、ジョアシュ一族だけではなく、その背後にいる政府の高官とも闘わねばならないことを知ったのだった。そしてワンボイは、SMが所属するウミラ・カゲル・クランと政治家との馴れ合いが、いかに恐ろしいものであるかを知りつつも、法廷闘争に持ち込む覚悟をしたのである。

一審の判決は一二月三〇日に出され、ワンボイが勝訴した。判決文には、SMは遺書を残さなかったため、法廷は、一九七九年の判例に基づき、寡婦に遺体を埋葬する権利を与える、というものだった。その翌日に埋葬を行なう手筈を整えていたワンボイは、ここで、大きな決断を迫られることになる。つまり、ジョアシュ一族は控訴するにちがいない、埋葬しても控訴審で負ければ、遺体を掘り出さねばならない、それには耐えられない。そう思ったワンボイは、埋葬を延期して、ジョアシュ一族の挑戦を受ける決心をする。予想通り、ジョアシュ側は控訴した。控訴審は、翌一九八七年の一月二日に開かれ、その結果は、一月五日に出た。再びワンボイが勝訴した。判事は、「SMは都市の住民であり、コスモポリタンであった。……そのようなSMをアフリカの慣習法に従うべき人物と考えるのは難しい」(p. 154)との見解を示したのである。しかし、これで埋葬裁判に終止符が打たれたわけではなかった。

判決後ただちにジョアシュ一族は、安置所からの遺体の搬出に対する差し止め命令を申請すると同時に再び上告する。申請は一月八日に受理され、一月一〇日には、高等裁判所での審議が終わるまで、遺体の埋葬が禁じられた。この時、判事も更迭されることが決定した。二回の判決で勝訴に導いてくれた判事が更迭されることを知ったワンボイは、敗訴へのレールがすでに敷かれていることを察知する。

高等裁判所での審議は一月二一日に行なわれた。この時点で、判事・世論・新聞は、裁判では「伝統」が争点になる、と宣言していた。しかし、ジョアシュ一族の目的は、もっと私的で経済的なものであり、伝統を利用して、彼女の権利をすべて奪おうとしていることをワンボイは見通していた。ジョアシュを含め、SMの家族は、必ずしもルオの慣習を守って暮らしてきたわけではないことを、彼女は知っていたからである。

裁判では、ジョアシュが、ルオの慣習を適用することがSMの生き方に沿うものであると主

裁判所を出るワンボイと支援者たち（1987年）

写真©*Nation Newspapers Ltd.*

ジョアシュ・オチエング（左）とその親族（1987年）

写真©*Nation Newspapers Ltd.*

判事の更迭を申請して却下された上，侮辱され，消沈して裁判所を出るワンボイ（1987年）
写真©*Nation Newspapers Ltd.*

ワンボイの子供たちと養子たち
写真©*Nation Newspapers Ltd.*

張し、その理由を縷々述べたてた。たとえば、ＳＭは人知れずルオの儀礼を行なっていたとか、ＳＭは故郷に家を建てており、ナイロビには家を持っていないから故郷に埋葬されるべきだ、といった類の作り話である。父親をルオの土地に葬ることによって、子供たちにルオ人としてのアイデンティティを与える、といった偽善的な主張もなされた。判事は、あらゆる局面で、ワンボイに不利な証言のみを取り上げ、有利な証言を無視した。その結果、二月一三日に出された判決は、ＳＭの遺体は、ジョアシュとワンボイが共同で故郷のルオの地に埋葬すべし、というものであった。ワンボイは敗訴したのである。

敗訴後、ワンボイはただちに上訴し、ジョアシュによる遺体搬出を差し止めるべく行動を起こした。同時に、ワンボイは判事の変更を求めた。同じ判事による裁判では負けるのが目に見えているからである。ワンボイは裁判長に掛け合ったが、拒否される。居合わせた判事から笑い者にされ、早く上訴を取り下げるよう脅かされ、ついにワンボイは泣き出してしまう。裁判長の部屋を出ると、国内や国外の新聞記者が待ち構えていた。風の強い日で、スカートがまくれあがったことにも気づかなかった。翌日の新聞で、ワンボイはその時の自分の姿を知ることになる。

こうした中、二月二三日付けで、ワンボイはジョアシュに次のような手紙を書き、和解を申し出た。

「わたしの夫の埋葬に関し、あなたと和解したいと思い、手紙を書いています。オティエノはあなたの兄であり、私たちはひとつの家族です。裁判所の外で喜んでいる人たちは、私たちの親族ではありません。私たちの家族に平穏を取り戻せるのは、あなたとわたしだけです。そうしなければ、家族は崩壊します。どうかわかってください。わたしとあなただけが、この悲惨な問題を解決できるのです。オティエノの寡婦として、わたしは非常に心配しています。あなたがわたしの夫を、わたしや子供たちぬきで埋葬したとしても、あなたは満足しないでしょう。同じことがわたしにも言えます。私たちは、手を取り合わねばなりません。どうか、外部の者をぬきにして考えてください。おそらく神はあなたにより多くの光をお示しになられるでしょう。わたしは悲痛な気持ちでこの手紙を書いています。いかなるプライドもわたしの心にはありません。私たちはひとつの家族なのです。」(p. 171)

ジョアシュから返事はなく、ワンボイが起こした上訴審は、ワンボイにとって辱め以外の何ものでもなかった。公正さも、正義もない審議だった。五月一五日に出された判決は、ワンボイの予想通りだった。埋葬権はジョアシュに与えられた。その際、ＳＭが遺書を書いていたとしても、ワンボイに埋葬権を付与する根拠にはならないということも確認された。ＳＭがあえて遺書を書かなかった理由がそこにあった。実際、遺書がかえって混乱を招くことがしばしばあったからである。近代法の「相続法第一六〇条」によれば第一相続人はワンボイになるから、

1987年５月17日の控訴審の判決を歓喜して聞くウミラ・カゲル・クランのメンバーとルオの友人たち　写真©*Nation Newspapers Ltd.*

ニャミラでのS. M. オティエノの葬儀（1987年）
写真©*Nation Newspapers Ltd.*

遺書は不要であるというのがSMの信条だった。

さて、SMの葬儀は、ケニアの著名な弁護士にふさわしく、大統領をはじめ、政府高官の列席の下、ヴィクトリア湖畔の先祖の地で執り行なわれることとなった。一方、ワンボイには、静かな日々が戻ってくるはずだった。ところが、事はそう簡単には運ばなかった。大統領のモイから、葬儀に出席するようにとの圧力がかかったのである。大統領は、裁判中、ルオ側の肩を持ち、政敵であるワンボイを貶《おとし》める発言をしていた。ワンボイ家の電話が常に盗聴されていたことは、当時の政権とワンボイとの関係を象徴している。そのモイ大統領がなぜ葬儀への出席を求めてきたのか。その理由をワンボイは、次のように説明している。ひとつには、ワンボイは葬儀には出席しないと言っておきながら、主義主張を変える無節操な人間であることを世間に知らしめるため、ふたつには、もしワンボイが葬儀に出席すれば、世界中の人権団体の抗議を封じこめることができると考えたからであった。ワンボイは裁判が始まると、国連の女性差別撤廃委員会をはじめ、さまざまな人権団体に手紙を送っており、この裁判の行方には、世界中の注目が集まっていたのである。ワンガレ・マアザイ（二〇〇四年にノーベル平和賞を受賞）も、この事件を、女性への人権侵害として世界に知らしめるために尽力している。日本でも、三月三一日の『朝日新聞』が「国際事件簿――夫の遺体はだれのもの?」と題して、埋葬裁判の詳細を報道した。

ワンボイは、しかし、大統領の圧力に屈することはなかった。SMは、ワンボイ一族欠席の

S. M. オティエノの記念礼拝。大理石の記念碑（前方左）の隣にワンボイが埋葬されることになっている（1989年）。　写真©*Nation Newspapers Ltd.*

中、ルオの慣習にのっとって故郷の地に埋葬された。一九八七年五月二〇日のことだった。ワンボイは、この「埋葬論争」を闘い貫くことができたのはマウマウ闘争の経験があったからだと、次のように述べている。

「わたしは、拘留施設で残酷な扱いを受けたことがある。しかし、こんなに過酷な日々は、かつて経験したことがなかった。皮肉なことに、わたしは、この過酷な日々を耐えられるようにわたしを鍛えてくれた拘留施設の人びとに感謝したいと思ったほどだった。」

(p. 173)

まさに、ワンボイは「マウマウの娘」だったのだ。「埋葬論争」はこうして終焉したのである。

ここで、ワンボイの「埋葬論争」にかけたエネルギーは、個人的動機を超えて、女性の解放に向けられていたことを明確にしておきたい。彼女は、第一二章で次のように述べている。

「私たちは一致団結して、文化・宗教・教義などにもとづくジェンダーの抑圧と闘わねばならない。

自由の種を蒔く

女性自身が、女性の敵でもある。政治の失敗という言い訳はしてはいけない。鍵は政治が握っている。たとえば、ケニアでは、女性はあらゆる選挙区で選挙人の多数を占めている。しかし、私たちは多数派であることを利用してこなかった。なぜ私たちは、女性を選出するために、一票を正しく利用してこなかったのだろうか？　私たちの選挙資金は限られている。しかし、女性が投票の見かえりを要求して汚職に手を貸さないなら、女性が自分たちを劣った性であり二級市民であるという考えを止めることができるなら、大統領職を含むすべての議席を独占できるだろう。他の女性に意思決定権のある職業を分配する地位を手に入れることができるだろう。私たちは地位の高い職業の分配者になるかわりに、乞食になることを選んできた。実際、私たちが権力を掌握し、それを広く分配し、女性はジェンダー差別をしないし、もっとましな支配ができることを男性に教えるべきだった。このことは、世界中のすべての女性に当てはまることだ。

政治参加はさておき、文化もアフリカ女性の進歩に対する最大の阻害要因である。それどころか、克服するのが最も困難かつ困惑を伴う領域である。少女は男の子が優遇される文化の中で育てられる。そして、子供の幸せという口実が——今も将来も——女性を傷つけるような文化的慣習を維持するために使われている。「これをすれば、あれをすれば、子供に障ることになる」と教えられているのだ。また、女性は、女性性器切除（ＦＧＭ）といった全く不必要なことをさせられてきた。それを受けないと、生まれてくる子供が苦しむことになると言って脅かされている。女性たちは、割礼を受けていない少女は手に負えなくなる、といった歌に脅かされて、娘に割礼を受けさせることに同意する。昔、最上の肉は男性が食べた。男性はこうした慣習に従っているが、その男性もまた親なのである。男性が慣習に従わなくとも、子供たちに不幸が起るわけではない。タブーは女性の士気を減じ、女性に脅威を与えるためなのか？　タブーは罪のない女性を抑圧し、男性の支配に従わせるためなのか？　答えは、イエス。「伝統」の守護者は、子供の運命という口実を用いて、女性を従わせる。彼らは、先祖の慣習に従わないと、こんなこと、あんなことが子供に起こると言われると、女性は抵抗できなくなるのを知っている。彼らは、女性が子供を救うためなら何でも耐えることを知っている。女性の権利を守るために、私たちは、文化という原点から点検を始めなければならない。

まず、女性自身が、文化には女性を従属させる側面があることを知らねばならない。多くの女性が、祖父母も両親も規範に従ってきたのだから、自分たちも従わねばならないということを信じて、盲目的に伝統に従っている。もっと良い展望が開けることを知らなかった昔なら、それでよかった。しかし、時代の変化に抗って、女性たちは、慣習や規範を娘たちに教えている。そうした女性たちは、文化や宗教やその他の教義によって脅かされていることに気がついていない。妻であり母である女性は、こうした不公正の主な担い手なのである。いかにして、いつ、差別されているかについての正確な情報を与えられていない不幸な姉妹たちの意識を改革するために、障害を取り除くのが、私たちの義務なのである。

こうした有害かつ昔の慣習から解放された男性にも、妹や妻や母や昔の考えに囚われている男性を教育する義務がある。というのは、宗教や文化や慣習にもとづいた別種の性質の差別に苦しんでいる男性もいるからである。両性は、こうした障害を除去するために、協力するべきなのだ。

宗教的信念も、女性の進歩を阻んでいる。それは、文化と同様に、世代から世代に伝えられてきた。普通、人は両親の宗教を信じる。沿岸部やソマリ地域以外に住む家族のほとんどは、アラブ人とヨーロッパ人がイスラームとキリスト教をこの地にもたらした一九世紀に、こうした宗教を信じ始めた。一九世紀に白人のキリスト教徒が到来したところでは、キリスト教徒が多い。アラブ人が入ったところでは、イスラームが受けいれられた。女性は結婚すると、夫の宗教を信じるものとされている。プロテスタントの家庭に生まれた女性が、学校でイスラームの男性と出会ったとする。彼女は結婚すると、イスラームに改宗しなければならないのだ。なじみのなかったイスラームという宗教と、彼女はどういう風に対峙したらよいのか？　同様に、ムスリムの女性がキリスト教徒の男性と結婚したいと思う場合、なぜ彼女は宗教を変えることを要求されるのだろうか？　女性は、まず、両親の宗教に従わされ、次に、結婚によって信仰を変えることを強制されるのだ。このことは、女性の選択の自由を制約し、女性が自分の運命を決定することができないことを意味する。宗教が、進歩や社会参加を阻害するなら、女性は宗教的指導者との会話によって、状況を変化させねばならない。

ケニアの法律や教会は、結婚の際、キリスト教の慣習と「伝統的」な慣習とをミックスすることを許している。アフリカ人のプロテスタントの男性が結婚しようとする時、彼は伝統的な儀礼に従い、婚資を支払うよう強要される。ゲコヨ人の伝統的な結婚の場合、婚資が支払われた後、ゴティニア・ケアンデ（「結合を切る」という意味。グラリオ、もしくはゴクンディオ・オショロとも呼ばれている）の儀礼が行なわれる。儀礼の間に、男性は山羊を殺し、調理する。山羊の身体の一部がひょうたんに入れられる。花婿が山羊の肉の小片を切り取り、花嫁に与える。近親家族がこの特別な肉を与えられた後、花嫁は粥を花婿に与える。山羊の肩の関節を切り離すことは、新しい花嫁が自分のクランを去って、夫の家族のメンバーになることを象徴している。ゴティニア・ケアンデの儀礼が終わると、二人は、ゲコヨの慣習にしたがった結婚を完了することになる。この儀礼の後、二人は「キリスト教徒婚姻法第一五〇条」にのっとり、キリスト教徒として結婚するために教会にゆく。結婚にみられるふたつのタイプの婚姻方法の混在が、一夫多妻制を継続させている。グラリオ結婚は、キリスト教の儀礼の前に行なわれる。この慣習法のもとで、男性がもうひとりの妻を娶ったとしても、非難されることはない。女性は夫のクランのメンバーになり、夫のクランの伝統や慣習に従うことになる。

教会の立場は、きわめてデリケートである。というのは、男性が二番目の妻を娶った場合、教会は彼を追放するからである。もし、彼が第一夫人と離婚するなら、教会は再び彼を受けいれるし、不倫関係にあった二番目の妻との婚姻儀礼も執り行なう。この場合、教会は二者択一をせまることによって、最初の妻を不当に扱うよう男性を支援し、煽動していることになる。これは大きな問題である。なぜ教会は、離婚された最初の妻の運命について何も語らないのか？結婚生活に多大な貢献をした最初の妻は、無一文で放り出される。衣類さえも取り上げられることがあった。腐敗した裁判所が、離婚された女性に生活費を与えることはない。

変えなければならない深刻なことは、寡婦に対するキリスト教徒の家族のふるまいである。わたしは、ケニアの多くの寡婦にインタヴューしたことがある。その多くは、社会全体が寡婦を差別していると語っていた。寡婦は蔑まれ、夫が生きている時には交流があったキリスト教徒の家族から追放されるというのだ。慣習法であろうと、キリスト教であろうと、このことに関して違いはない、と寡婦たちは述べている。しかし、キリスト教と慣習法との間には、多くの食い違いや対立点もある。アフリカ社会の多くでは、死亡した兄の妻は、弟たち、あるいは近親者によって相続されるべきだと信じられている。しかし、もしキリスト教徒の女性がそのようなことをしたら、不倫関係だとして非難され、教会から追放される。

選択肢がそれほど限定されていない場合、寡婦は第二の夫と巡りあうという幸運をつかめるはずだ。しかし、ケニアの法律は、そうした女性に対しても差別をしている。「相続法第一六〇条」によれば、彼女が再婚する場合、死亡した夫の財産の所有権を放棄することになるからである。これは、男性の場合には当てはまらない。男性は再婚しても、死亡した妻の財産を保持できるのだ。

ケニアの寡婦は、寡夫と同じ選択肢を与えられていない。寡婦の多くは孤立し、孤独である。わたしの調査は、寡婦の多くが、男性の支配するクランの権威を拒否して文化に抵抗するか、もしくは孤独をまぎらわせるためにアルコールに依存するかのどちらかを選択していることを明らかにした。アルコールとドラッグは厳しい社会の現実からの一種の逃避手段を提供している。つまり、ゆっくりとした自殺である。この身体と心の弱さは、寡婦を破滅させるのみならず、父親を亡くした子供たちをも破滅させる。だから、それは、悲劇的な選択である。教会のメンバーになり、告白をし、ダンスをし、神を称えて飛び跳ねながら、礼拝の最中に発狂状態になる者もいる。極端な例では、他の人びとのようにふるまえないがゆえに、他の人びとを罪人だと判断するような者もいる。

宗教に救いを求める寡婦たちが、アルコール依存症になったり、二番目の夫に捨てられた寡婦よりよい状況にあるとはいえない。彼女たちは、天に救いを求めたり、痛みを無視したり、あるいは、宗教活動を通して痛みを忘れようとする。宗教的な祭礼や連帯感に慰めを求める者もいる。それが昂じると、アルコール依存症と同じく深刻になる。彼女たちは、宗教的連帯感で結ばれていない者は、家族であろうと無視する。この三種類の逃げ道のうち、三番目は、それが正しい精神状態のもとで行なわれるならば、一時的にしろ、救済となる。しかし、宗教的な熱狂に陥ることは、避けねばならない。

寡婦たちの悲しい運命に出会ったわたしは、寡婦、未婚の母、離婚した女性、年配の未婚者たちのみじめな状況を明らかにすることによって、変化のパイオニアにならねばならないという結論に達した。」(pp. 227-230)

マウマウ闘争で闘った女性たちは、ケニア社会を大きく変えることはできなかった。女性たちは、「独立」を目指して男性と一緒に闘ったのであって、「女性の解放」という意識は、あったとしても下位に置かれた。しかも、ブルジョワ階級の出身であり、クリスチャンの家庭に育ったワンボイは、一般のケニア人女性より性差別のない環境に育っている。必然的に、彼女自身、闘争への情熱は、女性の解放というより、むしろ、政治に向けられていたといえよう。そのワンボイが、女性の解放に目覚めたのは、マウマウ闘争の中で受けた「女性」としての彼女への抑圧であり、辱めであった。それが、夫の遺体をめぐる「埋葬論争」によって、一気に爆発したのである。それは、いつ果てるとも知れぬ長い闘いの始まりであった。

＊＊＊

一九九九年八月、ワンボイさんに会うためケニアのナイロビに滞在していたわたしは、キオスクに並んでいた日刊紙の見出しに目を奪われた「文化――オティエノの死をめぐる裁判・アフリカの過去と現在を考える」（*The Gardian*, Aug. 12, 1999）。それは、ナイロビで開催されたシンポジウム「SM再訪――現代アフリカにおける死と埋葬の人類学」の記事だった。記事は、「SMの死後、ほぼ一三年を経過したが、彼の死と埋葬をめぐる問題は、当時と同様に今も論争の的となっている」という一節から始まっている。内容をかいつまんで紹介しよう。

シンポジウムの基調演説をしたのは、埋葬裁判の時、オティエノのクラン側の代理をしていた弁護士だった。彼は、「ワンボイ夫人がルオの慣習と伝統に従っていたなら、五カ月におよぶ裁判闘争は避けることができたはずだ」と述べた。さらに彼は、「クラン側の関心はオティエノの財産にあったと広く信じられているが、財産は結局、寡婦と子供たちの手に渡った。それが示しているように、クラン側の関心はオティエノを故郷に葬ることだった」ことを明らかにし、「成人のルオとして、オティエノが故郷以外の場所に葬られることはありえなかった」ことを強調した。彼は、慣習法の成文化の可能性にも触れて、慣習法へのこだわりを示した。しかし、文化も慣習も異なる四二もの民族の存在を考えると不可能なことも認めた。

シンポジウムの目的は、都市部で育ち、民族の文化についての知識を持たないルオの新世代に、慣習の重要性を知らしめることだった。ある参加者は、埋葬裁判の後、ケニア人の多くは、以前よりルオ社会について理解するようになったとコメントした。また、このシンポジウムに参加していた大学生の中には、民族間結婚はできれば避けた方がよいとの印象を持ったものも多かった。

以上が記事の概要である。記事には「埋葬裁判の判決の中でもっとも無情だったのは、ルオの慣習法がケニアの法律より重要だということを示したことだった」との発言も紹介されてはいるが、このシンポジウムが、ルオの伝統擁護派によってお膳立てされたものであることは明らかであろう。一九九九年は、まだワンボイの政敵モイの時代だったからである。そのモイも、二〇〇二年に、キバキに大統領の座を譲り渡した。

ワンボイが本書を執筆したきっかけは、これまで書かれてきた「埋葬論争」が、いずれも、ワンボイとその家族の感情を無視し、ルオのウミラ・カゲル・クランに肩入れしたスタンスをとっていることにあった。マウマウの闘士であった誇り高きワンボイは、そうした「中傷」を黙って見過ごすことができなかったのである。これを、「自伝」に本質的につきまとう「自己防衛」、あるいは「自己正当化」として切り捨ててしまうのは簡単だ。われわれが、家族内のトラブルに深入りする必要もあるまい。歴史的史料としての本書の重要性は、そうした個人的な感情を越えたジェンダーの問題が「埋葬論争」という「事件」によってあぶりだされたことにある。それは、ワンボイ個人の問題ではなく、ケニア社会、ひいては、アフリカ社会、あえて言うならば、日本を含む国際社会の問題なのである。

（注）たとえば、次のような研究がある。

Cohen, David Willian, and E. S. Atieno Odhambo. 1992. *Burying SM: The Politics of Knowledge and the Sociology of Power in Africa.* Portsmouth, N. H.: Heinemann; London: James Curry.
Gordon, April. 1995. "Gender, Ethnicity, and Class in Kenya: 'Burying Otieno' Revisited." *Signs: Journal of Women in Culture and Society,* 21.
Harden, Blaine. 1990. "Battle for the Body." In his *Africa: Dispatches from a Fragile Continent,* Boston: Houghton Mifflin.
Novicki, Margaret A. "Wambui Otieno: An Indomitable Spirit." *Africa Report,* 37 (May-June): 20.
Ojwang, J. B., and J. N. K. Mugambi, eds. 1989. *The S. M. Otieno Case: Death and Burial in Modern Kenya,* Nairobi: University of Nairobi Press.
Stamp, Patricia. 1991. "Burying Otieno: The Politics of Gender and Ethnicity in Kenya." *Signs: Journal of Women in Culture and Society,* 16.

モイ政権下での民主化運動で負傷（1992年）

写真©*Nation Newspapers Ltd.*

［追記］

二〇〇六年八月、わたしは何年ぶりかにナイロビ空港に降り立った。その日は標高の割に気温が高く、照りつける太陽が膚に痛かった。この空港で、かつてワンボイさんたちが要人を出迎え、デモをし、解放歌をうたったのだ。そう思うと、わたしは改めて重々しい感慨にとらわれた。

ナイロビを訪ねた目的のひとつは、翻訳の出版にあたり、ワンボイさんからいくつかの了解を得ることだった。しかし、ホテルに落ち着いたものの、簡単にわかると思っていたワンボイ家の電話番号が入手できない。以前に訪ねた折に書き留めておいた住所（私書箱の番号）に日本から手紙を出していたが、結局、返事をもらえずに来てしまったのだ。わたしは、しばし途方に暮れた。ホテルのスタッフが電話局に問い合わせたり友人に聞いたりと、手をつくしてくれたが、埒があかない。こうしたことは、最近のアフリカではよくあることだ。つまり、携帯電話が普及し、アナログ回線は利用されなくなっているのだ。仕方なく、記憶をたよりに、直接ワンボイさんの家を訪問することに決めた。

閑静な住宅街を車でゆっくり進む。はたして、ワンボイさんは以前と同じ家にいるのだろうか。風のたよりに、ワンボイさんが再婚したことは知っていた。しかも、息子より若い青年との再婚だという。この年齢の差が、再び、ケニアの「伝統」社会を震撼させたことも、新聞記事から察しがついていた。さぞやメディアがうるさかったに違いない。

そんなことを考えていると、何となく記憶に残る門の前にきた。運転手が降りてガードマンに確認してくれる。ガードマンは母屋の方に姿を消した。ということは、主は在宅なのだ。わたしは、ほっと胸をなでおろした。


ワンボイさんは、玄関脇のベッドに身体を横たえていた。案内を請うと、英語で「以前に来たことがある方ね、写真を送ってくれたわね……、足が弱ってしまって……」と言って、ゆっくりと身体を起こし、わたしを迎えてくれた。

ワンボイさんは、杖なしには歩けないようになっていた。植民地主義者を相手に果敢に闘っていた頃のワンボイさんの写真が脳裏に浮かんでは消えた。

応接室に移り、事務的な用件が済むと、ワンボイさんは最近の出来事をいくつか話しだした。マアサイの女性たちが、レイプ犯であるイギリス人兵士を訴えていること、マウマウ戦士がイギリス政府を相手に起こした謝罪と補償を求める裁判がロンドンで進行していること……。そして、最後に、「ケマージ・ペーパーズ」のことに触れた。これは、マウマウ闘争の最高指揮官であったケマージ将軍が部下に保管させていた文書で、一九五五年にイギリス軍によって没収され、二〇一三年まで非公開となっている。マイナ・ワ・ケニャティによって、散逸していたその一部が編纂され、邦訳も出ている。ワンボイさんは、この文書が公開されなければ、マ

ニャミラの実家にあるＳ・Ｍ・オティエノの墓　2006年８月５日　訳者撮影

ウマウの真実はわからない、と語調を強めた。身体は衰えても、過去を明らかにしようとする熱意は相変わらずだった。

別れ際に、わたしは思い切って、これからニャミラにあるＳ・Ｍ・オティエノさんのお墓に行ってみようと思っている、と言った。すると、ワンボイさんは、「わたしは一生、行くつもりはない。ナイロビにある記念碑だけで充分！」と笑った。気分を害するのではと心配していたわたしは、その笑顔を見て胸をなでおろした。と同時に、二〇年という歳月をかけても、ワンボイさんの心は癒されていなかったことを知り、その傷の深さを改めて実感した。

翌日、わたしは飛行機でキスムに移動した。そして、キスムから車で約三〇分、次第に民家が少なくなり、ブッシュの中を進む。ニャミラに到着したようだ。やがて、前方に一軒家が見えてきた。広大な敷地の中の一軒家だ。それが、オティエノさんの実家であり、弟ジョアシュ・オチエング夫妻の屋敷だった。お墓は、その一角にあった。他の親族の墓も並んでいる。

ジョアシュ夫妻は、オティエノさんの墓参りを済ませたわたしにこう言った。「この墓はまだ完成していないんです。ワンボイが子供たちを連れてやってくるのを待っているのです。そうしたら盛大な儀式をして、墓碑銘を刻んだ十字架を建てようと思っています」と。ワンボイさんが決して足を運ぶつもりがないことを、夫妻は知っているのかどうか。わたしは、もちろん、そのことには触れずにその場を辞した。

今回の訪問で愕然としたことがひとつある。ケニアの若者にとって、ワンボイさんは「過去の人」となりつつあったことである。「息子ほどの青年と再婚した女性」といえば、皆知っていた。その彼女が、ケニアの独立のために、どれほどの犠牲と情熱を注いだかは、語り伝えられていないのだ。

個々人の過去が歴史から抹殺されることは、社会の記憶が風化することでもある。それを食い止めること、それが、歴史記述にたずさわる研究者の任務なのだということを心に刻みつつ、わたしはナイロビを離れ、次の目的地ザンジバルに向かった。

（二〇〇六年八月、ナイロビにて）

＊　＊　＊

本書の印刷間近になって、ケニアの知人から一通の手紙が届いた。開けてみると、「ワンボイさんの記事を送ります」という簡単な手紙と、新聞記事のコピーが二枚。その見出しを見て、わたしは目を疑った。そこには「ワンボイ、新政党を立ち上げる」とあったのだ。

昨年八月にお会いした時のワンボイさんからは、全く予想もできない展開だった。ケニアがこの年末に総選挙を控えていることは知っていた。しかし、もう引退されたものと、すっかり思い込んでいた。一九九九年にお会いした時に、これからの人生は曾祖父殺害の真相究明と若い人を育てることに使いたい、と言っておられたからだ。

さっそく、インターネット（アメリカ）を検索してみた。四〇歳ほども年下のボーグア氏との結婚に関するサイトがずらりと並んでいる。選挙関連は二件。三月一六日付『スタンダード』と『イースト・アフリカン・スタンダード』の記事だ。開いて見ると、両紙とも同じ記者の署名が入った文章が掲載されていた。次のような内容である。

「ヴェテランの政治家であり、フリーダム・ファイターのワンボイ・オティエノ＝ボーグアが、新政党『ケニア人民会議党（Kenya People's Convention Party）』を立ち上げ、女性たちに政治的な解放を約束した。七一歳のワンボイは、五二年もの間政治に携わってきたが、その間、女性や差別されている人びとに発言のチャンスはなかったと語っている。さらに、積極的差別撤廃措置《アファーマティヴ・アクション》を求める叫びは失敗したとするワンボイは、女性のエンパワーメントを推進するためには政党を結成する必要がある、と説く。また、積極的差別撤廃措置は決して機能しない、もはや誰もそれに関心は持たない、政治プロセスのみが成功への道、とも語った。連立には関心がないと言うワンボイは、現在の諸政党は『口論だけしている裏切り者ばかり』と付け加えた。」

今回、ワンボイさんが立ち上げた「ケニア人民会議党」という名称が、地方レヴェルの政党の結成が植民地政府によって認可された時、ワンボイさんらがトム・ボヤらとともに設立した「ナイロビ人民会議党」（本書一一〇頁以下参照）にちなんで名づけられたことは確かである。

ワンボイさんの闘争心は、消えてはいなかったのだ。それは、迷うことなく、女性やマイノリティの解放に向けられている。「マウマウの娘」は、独立闘争と夫の遺体をめぐる裁判で鍛えられた実行力を駆使し、もう一度、政界に打って出ようとしている。その鋼鉄のような不屈の魂に、わたしの心は大きくゆさぶられた。

（二〇〇七年三月、仙台にて）

訳者あとがき

本書誕生の経緯や内容紹介は、冒頭のコーラ・アン・プレスリーの序「記憶は武器」に詳しい。ここでは、わたしがワンボイ・ワイヤキ・オティエノの著作を翻訳することになった経緯について言及しておきたい。

そのひとつは、ワンボイの原稿を編集し、序文を執筆したプレスリーとの出会いである。プレスリーとは、彼女の著書の翻訳（『アフリカの女性史――ケニア独立運動とキクユ社会』未來社、一九九九年）の際の電子メールによる交流から始まり、二〇〇〇年には、直接会う機会があった（国立民族学博物館の地域研究企画交流センターの連携研究「アフリカ女性史に関する基礎的研究」研究会に招待）。

アフリカ系アメリカ人のプレスリーは、彼女のアフリカ女性史研究の原点を、元奴隷だった祖母や父親などの家族関係に遡《さかのぼ》ってわたしに話してくれた。彼女はきわめて家父長的な、時には家庭内暴力を伴う祖父や父親の姿を見ながら育ったのだ。わたしは、プレスリーの研究が、単に研究のための研究ではなく、「女性の解放」というフェミニズムにしっかり裏づけられていることを、彼女のライフ・ヒストリーを通して知ったのだった。同じアフリカ系アメリカ人のアリス・ウォーカーが、家父長的権力への抵抗のエネルギーを小説に結集させたのに対し、プレスリーはそれを歴史に結集させたと言えるだろう。わたしは、その時点で、彼女が携えてきたワンボイ・ワイヤキ・オティエノの本を翻訳しようと心に決めた。

もうひとつは、著者との直接面談である。すでに「訳者ノート」の中で述べたように、翻訳半ば、わたしは、ケニアのナイロビにワンボイさんを訪ね、突撃インタヴューをした。一九九九年のことだった。自宅はボマス・オブ・ケニア（観光客にケニアの伝統舞踊などを見せる文化施設）の近くの一軒家だった。

生垣の門を入って、案内を乞う。明るい日差しの射し込む洋風の居間で、ワンボイさんはわたしを迎えてくれた。一六〇センチほどの背丈、八〇キロはあろうかと思われる大きな体をソファに沈め、突然の日本人女性の出現にとまどっているように見受けられた。むしろ、何者だろうか、と警戒している風にもとれた。その理由はすぐにわかった。モイ政権への痛烈な批判を続けていた彼女は、常に秘密警察の監視下に置かれてきたからである。秘密警察が自宅の車庫に潜んでいた時期もあったという。

著書の話になると、ワンボイさんは、ソファから立ち上がり、奥の部屋から一枚の古びた写真を持ってきた。最近発見した曾祖父のものだという。曾祖父がどうやって殺されたか、その理由は何か、それを突きとめるのが、これからの仕事なのだ、とワンボイさんは熱く語った。

わたしは、書き出してきた翻訳上の疑問点を確認して、一時間ほどで、ワンボイ邸を辞した。短い時間ではあったが、このワンボイさんとの面談が、いつか本書を日本の読者に届けたいという思いを引っ張ってくれたのだった。


翻訳に際しては、民族語の表記で立ち往生していたわたしに、ゲコヨ（キクユ）語の正しい表記を教えて下さったのみならず、訳出した単語や固有名詞をひとつずつチェックして下さった四国学院のG・C・ムアンギ先生（ゲコヨ人）に心から感謝している。英語の発音表記でなく、民族語の発音にこだわったのは、民族文化への私なりの敬意にほかならない。

そのほかにも多くの方々のお世話になった。

ムアンギ先生のアシスタントとして一緒にゲコヨ語の表記に取り組んで下さった八木奈津子さん、オティエノさんの墓参の手筈を整えて下さった岸田袈裟さん、現地で墓参の案内をして下さり、この三月にはワンボイさん新党立ち上げのニュースを知らせて下さった風間春樹さん、Eメールでの質問にナイロビからていねいな返信をして下さった早川千晶さん……。

皆さん、本当にありがとう。

なお、今回の出版に際してもまた、未來社の西谷能英社長と本間トシさんのお世話になった。

厚く御礼申し上げる。

最後に、本書は宮城学院女子大学の出版助成を受けたことを記しておく。

二〇〇七年三月

訳者　富永智津子

参考文献

Arthur, Dr. John W., *Church of Scotland Mission Council, Memorandum on the Mission Estate.*

Austin, H. H. 1923. "The Passing of Waiyaki," *The Cornhill Magazine,* pp. 613–622.

Benson, Mary. 1990. *A Far Cry: The Making of a South African.* London: Penguin.

Berman, Bruce. 1994. *Control and Crisis in Colonial Kenya.* London: James Curry.

Clough, Marshall. 1998. *Mau Mau Memoirs.* Boulder: Lynne Rienner Publishers.

Cohen, David William/E. S. Atieno Odhiambo. 1992. *Burying SM: The Politics of Knowledge and the Sociology of Power in Africa.* Portsmouth: Heinemann.

Doren, John Van. 1988. "Death African Style: The Case of S. M. Otieno," *American Journal of Comparative Law* 36, pp. 329–350.

Edgerton, Robert. 1989. *Mau Mau: An African Crucible.* New York: Free Press.

Furedi, Frank. 1989. *The Mau Mau War in Perspective.* London: James Currey.

Gordon, April. 1995. "Gender, Ethnicity, and Class in Kenya: 'Burying Otieno' Revisited." *Signs: Journal of Women in Culture and Society,* 21.

Gregory, J. W. 1933. *The Great Rift Valley.* London: John Murray.

Harden, Blaine. 1991. *Africa: Dispatches from a Fragile Continent.* Boston: Houghton Mifflin.

Head, Bessie. 1990. *A Woman Alone: Autobiographical Writings,* ed. Craig Mackenzie. Portsmouth:

Heinemann.

Joseph, Helen. 1986. *Side by Side: The Autobiography of Helen Joseph.* New York: Morrow.

Kanogo, Tabitha. 1987. *Squatters and the Roots of Mau Mau.* Athens: Ohio University Press.

Kenya Land Commission. 1934. *Cmd.* 4556.

Kenyatta, Jomo. 1938. *Facing Mount Kenya.* London: Secker and Warburg. 邦訳『ケニア山のふもと―アフリカの社会生活』(野間寛二郎訳，理論社，1962)

———. 1968. *Suffering Without Bitterness.* Nairobi: East African Publishing House.

Kershaw, Greet. 1997. *Mau Mau from Below.* Athens: Ohio University Press.

Kuzwayo, Ellen. 1985. *Call Me Woman.* San Francisco: Spinsters/Aunt Lute.

Levine, Janet. 1988. *Inside Apartheid: One Woman's Struggle in South Africa.* Chicago: Contemporary Books.

Lonsdale, John. 1995. "The Prayers of Waiyaki: Political Uses of the Kikuyu Past," in David Anderson and Douglas Johnson. eds. *Revealing Prophets: Prohecy in Eastern African History,* London: James Currey, pp. 240–291.

Lonsdale, John/ Bruce Berman. 1992. *Unhappy Valley: Conflict in Kenya and Africa,* Books 1 and 2. Athens: Ohio University Press.

MacPherson, Rev. 1970. *Presbyterian Church of East Africa.*

Maloba, Wanyubari. 1993. *Mau Mau: Analysis of a Peasant Revolt.* Bloomington: Indiana University Press.

Mandela, Winnie. 1984. *Part of My Soul Went with Him,* ed. Anne Benjamin. New York: W. W. Norton.

Mashinini, Emma. 1991. *Strikes Have Followed Me All My Life: A South African Autobiography.* New York: Routledge.

Mboya, Tom. 1963. *Freedom and After.* London: Andre Deutsch,

Menson, Mary. 1990. *A Far Cry: The Making of a South African.* London: Penguin Books.

Muriuki, Godfrey. 1974. *A History of the Kikuyu 1500–1900.* London: Oxford University Press.

Ngugi wa Thiong'o. 1984. *Detained: A Writer's Prison Diary.* Oxford: Heinemann.

Novicki, Margaret A. "Wambui Otieno: An Indomitable Spirit." *Africa Report,* 37 (May-June): 20.

Ochieng', William, ed. 1972. *Politics and Nationalism in Colonial Kenya.* Nairobi: East African Publishing House.

Ojwang, J. B./J. N. K. Mugambi, eds. 1989. *The S. M. Otieno Case: Death and Burial in Modern Kenya.* Nairobi: University of Nairobi Press.

Presley, Cora Ann. 1992. *Kikuyu Women, the Mau Mau Rebellion, and Social Change in Kenya.* Boulder: Westview. 邦訳『アフリカの女性史 ――ケニア独立運動とキクユ社会』（富永智津子訳，未來社，1999）

Ramphele, Mamphela. 1995. *Across Boundaries: The Journey of a South African Woman Leader.* New York: Feminist Press.

Resha, Maggie. 1991. *My Life in the Struggle.* Johannesburg: Congress of South African Writers.

Rosberg, Carl/ John Nottingham. 1966. *The Myth of "Mau Mau": Nationalism in Kenya.* New York: Meridian,

Stamp, Patricia. 1991. "Burying Otieno: The Politics of Gender and Ethnicity in Kenya," *Signs* 16 Summer, pp. 808–845.

Suzman, Helen. 1993. *In No Uncertain Terms: A South African Memoir.* New York: Alfred A Knopf.
Thuku, Harry（with Kenneth King）. 1970. *Harry Thuku: An Autobiography.* London: Oxford University Press.
Toulson, Thomas. 1976. "Europeans and the Kikuyu to 1910: A Study of Resistance, Collaboration, and Conquest." M. A. thesis, University of British Columbia.
Waciuma, Charity. 1969. *Daughter of Mumbi.* Nairobi: East African Publishing House.

マウマウ関連日本語文献

石井洋子『開発フロンティアの民族誌――東アフリカ・灌漑計画の中に生きる人びと』御茶の水書房、二〇〇七年
マイナ・ワ・キニャティ（編著）『マウマウ戦争の真実――埋もれたケニア独立前史』（楠瀬桂子・砂野幸稔・峯陽一訳、宮本正興監訳）第三書館、一九九二年。

三藤亮介「ケニア独立運動の原点――『独立学校』の役割」戸田真紀子（編）『帝国への抵抗』世界思想社、二〇〇六年、五五－九六頁。

ムアンギ、G・C「『土地と自由のための闘い』か『マウマウ』か――ケニアにおける『武装』解放闘争を封印しようとした『神話』」戸田真紀子（編）『帝国への抵抗』世界思想社、二〇〇六年、三五－五四頁。

リキマニ、ムトニ『ケニアの女の物語』（丹埜靖子訳）明石書店、一九九三年。

索　引

①事項　②人名　③地名・場所　④各種組織・行政機関
⑤民族語の用語・クラン名・リネージ名

①事　項

あ行

アジア人　Asian（東アフリカにおけるインド系・パキスタン系住民を指す）　22, 104-5, 116-8, 125, 129
アーズィ人　Athi　56
アラブ人　Arab（アラブ系の人びとは沿岸部に多いが，ナイロビにも移住している）　109, 117, 129, 225
『イースト・アフリカン・スタンダード』（日刊紙）　*East African Standard*　72
インド人　Indian（英領東アフリカでは，「アジア人」と呼ばれることが多い）　39, 40, 42, 109, 183
『ウフルー』　*Uhuru*（「ナイロビ人民会議党」の機関誌．スワヒリ語で「独立」の意）　112, 133
エンブ　Embu（民族集団）　109
女家長制　matriarchy　16

か行

かなとこ作戦　Anvil Operation（1954年4月に導入された作戦．27,000人が検挙される）　77, 100
割礼　circumcision（→クリトリス切除 →女性性器切除）　57, 64-5, 69
寡婦　widow　227-9
カレンジン　Kalenjin（民族集団）　28, 85, 111, 137, 153
カンバ　Kamba（民族集団）　85
クラン　clan（ゲコヨ語ではモヘレガ）　16, 32, 201, 227-8
クリトリス切除　clitoridectomy（→女性性器切除）　63
ゲコヨ（キクユ，ギクユ）　Gĩkũyũ（Kikuyu）（ルオと並ぶケニア最大の民族集団）　13, 15-6, 20, 22, 24-5, 28-9, 33-40, 42-4, 50, 55-8, 60, 63-4, 69, 70, 104, 107, 109, 136, 153, 155, 161, 165, 168, 176, 184, 190, 193-4, 198, 200-1, 210, 226
公共保全（移動制限）条令 1960 L. M. 313　Public Security（Restriction）Regulations 1960 L. M. 313　152, 156, 159
国連世界女性会議（第3回）（1985年ナイロビで開催）　208
「国連女性の10年」　45

さ行

参政権（→立法評議会）　154
ジェンダー　223
女性性器切除　Female Genital Mutilation（FGM）　20, 224

人種差別/隔離　127, 129-30, 155-6
スクォッター　squatter（農場の一角に住み込んでいる労働者）　55, 59, 90, 100
スクリーニング　screening（検問）　91, 103
た行
『デイリー・クロニクル』（日刊紙）　*Daily Chronicle*　72
独立学校　Independent School　63, 64
独立教会　Independent Church　63
ドロボ　Ndorobo（民族集団）　35-6, 40, 46, 56
な行
ナショナリスト（ナショナリズム）　14, 16, 18, 21, 23-4, 42, 105, 144, 156-7
ナンディ　Nandi（民族集団）　109
は行
バジュン　Bajun（ケニア沿岸部のバジュン諸島出身の民族集団）　161
パス　pass（移動の際，携行を義務づけられた許可証）　80, 101, 104
パス法　Pass Ordinance　23
パスブック　Passbook→パス
非常事態（戒厳令）　State of Emergency　21, 24-5, 54, 69, 72, 74, 76-7, 104, 113, 143, 146, 151-2, 156
ブイブイ　buibui（沿岸部のムスリム女性の外套衣）　82, 85, 135
フリーダム・ファイター　Freedom Fighter（ケニア独立のために戦った人びと）　76, 107, 112, 128, 136-7, 147, 149, 159-60, 163, 165, 183, 187
ポコモ　Pokomo（民族集団）　170
ホームガード　Home Guard（イギリス植民地当局に協力したアフリカ人守衛）　70, 75-6, 78-9, 83, 85-8, 90, 130, 136, 140-2, 153-4, 191
ま行
マアサイ　Maasai（民族集団）　32-5, 37-8, 55
埋葬論争（埋葬裁判）　The Burial Saga　14, 17, 22, 210, 215, 222-3, 229-232
マウマウ　Mau Mau　13-5, 18-9, 21-2, 24-5, 54, 70, 72, 74-94, 100, 103-4, 110-3, 118, 123-4, 134, 140, 150-3, 157, 163-5, 173, 176, 180-1, 184, 187, 191, 202, 208, 223, 231, 239
メル　Meru（民族集団）　109
『モンビの娘』　*Daughter of Mũmbi*　13
ら行
リネージ　lineage（共通の祖先を持つ単系出自集団．キクユ語では「mbari バレ」）　17, 29-30
ルオ　Luo（民族集団）　15, 17-8, 28, 109, 183, 186, 193, 210, 214-5, 222, 231
ルヒヤ　Luhya（民族集団）　111, 135, 137, 163
レイプ　rape　19, 167, 172, 175-6, 179, 183-4, 189, 235

②人　名

あ行

アイエーザ，ナーザン　Ayieza, Nathan　110, 121
アガ，オモロ　Ager, Omolo　124
アーグィンス＝コセック，シエド・M　Argwings-Kodhek, Chiedo M.（「会議党」の初代党首）　108
アケッチ，アルフレッド　Aketch, Alfred　110
アーサー，ジョン A.　Arthur, John A.（スコットランド宣教教会の牧師）　46-7, 49
アチエング・オネコ，ラモギ　Achieng' Oneko, Ramogi　95, 154
アヨド，オニャンゴ　Ayodo, Onyango　149
アンダーソン，イアン　Anderson, Ian（ニックネームはケニアージュイ Kinyanjui）　135
ヴィクトリア女王　Victoria, Queen　38, 43-4, 58
SM→オティエノ
エリザベス二世　Queen Elizabeth II　105
エリザベス・ワイリモ・ケマニ　Elizabeth Wairimũ Kĩmani（ワンボイの母，別名モヘト Mũhĩto）　52, 54, 55
オコラ，ピーター　Okola, Peter（ワンボイの父親の同僚）　79
オースティン，ハーバート・H.　Austin, Herbert H.　40-1
オチエング，ジョアシュ　Ochieng', Joash（SMの弟）　200, 202, 204-6, 209, 211-20, 241
オチエング，リスパ　Ochieng', Rispa（ジョアシュ・オチエングの妻）　202, 205
オチュワダ，アーサー　Ochwada, Arthur　110, 117
オディアンボ，E. S. アティエノ　Odhiambo, E. S. Athieno　14
オティエノ，シルヴァノ・メレア　Otieno, Silvano Merea（ワンボイの夫．SM）　17, 21-2, 179, 183, 185-206, 209, 210, 219, 223, 239
オディアンボ，イザイア　Odhiambo, Isaiah（オティエノの弟）　193, 200
オディンガ，ジャラモギ・オギンガ　Odinga, Jaramogi Oginga　110, 117, 125-7, 148, 153-5
オボテ，ミルトン　Obote, Milton　111
オヤンギ，J. M.　Oyangi, J. M.　110, 117, 122, 124, 127, 132-5
オユギ，ジャイロ・オウゴ　Oyugi, Jairo Ougo（SMの父）　193-4, 202-3
オレ・クマレ　Ole Kumale（→クマレ・オレ・レモタカ）　33-5
オレ・タメノ　Ole Tameno　108
オロー，ディック　Oloo, Dick　131

か行

ガザグエ　Gathaguĩ（ワンボイの父の異母兄）　51
ガゼーシャ・ワ・ゲケニア　Gatheca wa Ngekenya（19世紀キクユ社会の大首長モホホの祖父）　30, 32-5, 55
カーター，モリス　Carter, Morris（判事）　49, 50

カマウ・ワ・ズィッポラ Kamau wa Zipporah 163-4
カラ，ロクサナ Kala, Roxana（カンバ人） 105, 111
ガーラ，ロナルド Ngala, Ronald（KADUの初代党首） 149, 153
カリオキ，ジェセ Kariũki, Jesse 59, 176
カリンデ Karinde（→ティラスのニックネーム） 47, 54
カローガ・ヒンガ Karũga Hinga（洗礼名ジョン．ワンボイの従兄弟） 128
カロンバ夫人 Mrs. Karũmba 124
クマレ・オレ・レモタカ Kumale Ole Lemotaka（ワンボイの曾祖父の父親．現在，オレ・クマレとして知られる） 30, 32-5
クラウ，マーシャル Clough, Marshall 15
グレゴリー，J. W. Gregory, J. W.（『大地溝帯』の著者） 41
ケアノ，ゲコニョ Kĩano, Gĩkonyo 110
ケアリエ・ワ・ワンバレ Kĩariĩ wa Wambarĩ（ホームガードの上司） 79, 142
ケアンボゼ，ルーベン Kĩambũthĩ, Reuben 176
ゲイ，エマ Ngei, Ema 124
ゲシャガ夫人，ジェミマ Mrs. Gechaga, Jemima（立法評議会メンバーに任命された最初のアフリカ人女性） 82, 108, 154
ゲショヘ Gĩcũhĩ（ワンボイの兄．生後すぐに死去） 51
ゲショロ（ギシュル），ジェームス Gĩcũrũ, James 147-8, 153, 156-7
ゲズ Gĩthu（悪名高いホームガード） 88
ゲズィエヤ・ワ・ヒンガ Gĩthieya wa Hinga（ワンボイの曾祖父の息子のひとり．牧師．洗礼名ベンジャミン） 35, 46, 49, 103
ゲトゥコ Gĩtukũ（ワンボイの曾祖父の父の名前） 198, 206
ゲナ（ンギナ） Ngĩna（ワンボイの曾祖父の母．ゲコヨ人） 35
ケニアージュイ・ワ・ガズィリモ Kĩnyanjui wa Gathirimũ 41, 74, 143
ケノズィア・ワ・ジョーンズ Kĩnũthia wa Jones 176
ケマージ（キマジ），デーダン Kĩmaathi, Deedan（「マウマウ」の最高司令官．1956年逮捕，翌年絞首刑になる） 173-4, 235
ケニヤッタ，ジョモ Kenyatta, Jomo 25, 45, 55, 64, 72-3, 94-7, 105, 109-18, 123, 125-6, 132, 144-5, 147, 149-50, 152-3, 157, 183-4, 186, 208
ケレア Kiria（ワンボイの乳母の名前） 191
ケンブル Kemble（県長官） 79
コイナンゲ，ビヨ（ムビウ） Koinange, Mbiyũ 64, 72, 94-5, 99-100, 144-6, 153, 157
コイヤキ・オレ・クマレ Koiyaki Ole Kumale（→ワイヤキ・ワ・ヒンガ） 16, 31, 35-6
ゴゲ（グギ）・ワ・ズィオンゴ Ngũgĩ wa Thiong'o 14
コンゴ，ハンナ・ワンジコ Kũng'ũ, Hannnah Wanjikũ 110-1, 113, 119, 202
さ行
ジャオ，ナオミ・ドロカ Njaũ, Naomi Ndũrũka 142
シェゲ，ティモゼ Chege, Timothy（ワンボイの従兄弟） 72, 76

シェゲ・ワ・ケビロ　Chege wa Kĩbirũ（19世紀の予言者）　64, 70-1
ジェーリ　Njeeri（別名テーリ Tĩĩri）　36
ジェーリ，レベッカ　Njeeri, Rebecca　64
シクク，マーティン　Shikuku, Martin　144-6, 149, 153
ジョアシュ→オチエング，ジョアシュ
ジョゴナ・ワ・ガシュイ　Njũgũna wa Gacui（別名J将軍）　163
ジョロゲ・モンガイ　Njoroge Mũngai（国会議員）　100
ジョンジョ→モガネ
シング，チャナン　Singh, Chanan（インド人弁護士）　183
ズク，ハリー　Thuku, Harry　23, 50
スピード，ルドルフ　Speed, Rudolf（ワンボイをレイプしたイギリス人主任検察官）　177, 179-80, 184, 190
セロニー，ジーン＝マリー　Seroney, Jean-Marie　127, 142, 187

た行

ティエボ　Tiebo（ワンボイの曾祖父の第一夫人．ドロボ人）　36, 46, 56
ティトー　Tito（当時のユーゴスラヴィア大統領）　88, 134
ティラス・ワイヤキ　Tiras Waiyaki（ワンボイの父）　20, 47-51, 53-5, 77, 157, 193
トマス　Thomas（復活を疑って，傷を見せてくれとイエスにせまった聖書の登場人物）　131
ドンゴ・ワ・カゴーリ　Ndũng'ũ wa Kagori（Senior Chief．洗礼名ピーター）　87, 117

な行

ナレオ　Naleo（マアサイの勇猛な戦士）　37
ニエレレ，ジュリアス　Nyerere, Julius　111, 132
ニャマト，メリー　Nyamato, Mary　83
ニャンジロ，メリー・ワンジロ　Nyanjirũ, Mary Wanjirũ　59
ニャンドゥス，ムーサ　Nyandusu, Musa　105, 110, 121
ニャンブトゥ　Nyambutu（→ゲナ）　35
ニャンブラ・ワ・ケメゼ　Nyambura wa Kĩmethe（洗礼名ビートレス）　163, 173
ヌンガ・ワ・ゼネ　Nunga wa Thĩnĩ（ワンボイの母方の祖母．別名カロンガリ Karũngari）　54

は行

パーキス，ヘンリー　Purkiss, Henry（帝国イギリス東アフリカ会社社員）　40-1, 43-4
パンティ，アパ　Panti, Apa（インド人の高等弁務官）　144
ビヨ（ムビウ）→コイナンゲ
ヒンガ　Hinga（→クマレ・オレ・レモタカ）　32
ヒンガ Hinga→モニュワ・ワ・ワイヤキ
ビビ・ティティ　Bibi Titi　150
ビビ・ワ・ガンビ　Bibi wa Ngambi（→ワトソン夫人）　46
「ヒンガの母」（ニィナ・ワ・ヒンガ）　Nyina wa Hinga　29

ブリッグス，キャプテン　Briggs, Captain　113
ボーグワ，クリスパス　Mbũgua, Crispus　187
ボヤ（ムボヤ），トム　Mboya, Tom（ルオ人の政治家．1969年に暗殺される）105, 109-10, 115, 119, 122, 127, 130, 132-6, 140-1, 144, 148
ま行
マイナ，サミー　Maina, Sammy（別名モニュア・ナオ Mũnyua Nao）110
マイナ・ワ・ケニャティ（キニャティ）Maina wa Kĩnyatti　235
マーガレット王女　Princess Margaret　105-7
マクファーソン　MacPherson（スコットランド宣教教会の牧師）49, 78
マケバ，ミリアム　Makeba, Miriam（南アの歌手）119
マアザイ（マータイ），ワンガレ　Maathai, Wangarĩ（2004年ノーベル平和賞受賞）221
マシニニ，エマ　Mashinini, Emma　26
マシャリア，ローソン・ボーグア　Macaria, Lawson Mbũgua　113-4, 132-3
マズ，エリュウド　Mathu, Eliud（立法評議会メンバーに任命された最初のアフリカ人男性）108, 154
マゼンゲ将軍　General Mathenge　99
マゼンゲ，ジョセフ　Mathenge, Joseph　110, 116
マタンガ，ジョン・ブワナ　Matanga, John Bwana　122
マッキントッシュ　MacIntosh（スコットランド宣教教会の牧師）49
ママ・ガゾニ　Mama Gathoni　163, 173
ママ・カメンディ　Mama Kamendi（→ワンジコ・ワ・ロレンゴ）173, 175-6
ママ・ゲナ（ンギナ）・ケニヤッタ　Mama Ngĩna Kenyatta（ケニヤッタ初代大統領夫人．大首長モホホの娘）45, 55, 124
マンデラ，ウィニー　Mandela, Winnie　26
ムアンギ，エノック　Mwangi, Enoch　160-1
ムクトゥブ伍長　Sergent Mukhtub　40
ムサジャ　Msaja（ワンボイのニックネーム）80, 191-2, 196-7
ムゼー・シューカ　Mzee Shiyuka　82
ムリロ，マシンデ　Muliro, Masinde　149
メカタリリ　Mekatalili　109
モイ，ダニエル・アラップ　Moi, Daniel Arap　19, 25, 28, 108, 208, 221, 231
モイガイ，A. D.　Mũigai, A. D.　200
モイル・ワ・マンガラ　Mũiru wa Mang'ara（ワンボイの母方の従兄弟）89, 90
モイロレ・ワイヤキ　Mũirũrĩ Waiyaki（ワンボイの従兄弟）77
モガネ，ジョシア・ジョンジョ　Mũgane, Josiah Njonjo（首長）79
モゴ・ワイヤキ　Mũgo Waiyaki（ワンボイの兄．弁護士）186, 192
モシュラ，ジョン　Mũcura, John　108
モシーリ，ゴッドフリー・モホーリ　Mũciiri, Godfrey Mũhũũri　147
モゼー・カバザ　Mũthee Kabatha　163

モニュワ・ワイヤキ　Mũnyua Waiyaki（ワンボイの兄．医者．洗礼名フレデリク）48, 55, 147, 188
モニュア・ワ・ワイヤキ　Mũnyua wa Waiyaki（ワンボイの祖父．本名ヒンガ）31, 36, 46–7, 49, 52, 57
モホーホ　Mũhoho（19世紀キクユ社会の大首長．初代大統領ケニヤッタの第4夫人ママ・ゲナの父）32, 45, 55
モホーヤ　Mũhoya（Chief）88
モミラ　Mũmira　75
モラーヤ・ワ・モタヒ　Mũraaya wa Mũtahi（別名ダーヤ Ndaaya 将軍）163

ら行

リスパ→オチエング，リスパ
ルガード，フレデリック　Lugard, Frederick（帝国イギリス東アフリカ会社の遠征隊長・代理人）38–40, 46, 166

わ行

ワイリモ・ワ・ワーガシャ　Wairimũ wa Waagaca　76, 100
ワイヤキ・ワ・ヒンガ　Waiyaki wa Hinga（ワンボイの曾祖父．マアサイ名コイヤキ・オレ・クマレ．1892年，イギリス人によって殺害される）16–20, 22, 30, 31, 35–46, 50–1, 57, 71–2, 74
ワイヤキ・ワ・ノンガレ　Waiyaki wa Nũngarĩ（ワンボイの叔父．ローレンス・ワイヤキとも）50
ワガナ，ドリカ　Wagana, Dorika（ルオ人）110–1
ワギオ　Wagio（ワンボイのニックネーム →ムサジャ）80, 171
ワギオ，グラディス　Wagio, Gladys　123
ワショーマ，チャリティ　Waciũma, Charity（『モンビの娘』の著者）13–4
ワゾニ　Wathoni（ワンボイの祖母．洗礼名グラッドウェル．モニュアの第5夫人）30, 48, 51, 54
ワトソン　Watson（スコットランド宣教教会の牧師）46, 49
ワトソン夫人　Mrs. Watson（スコットランド宣教教会の牧師の妻．現地名ビビ・ワ・ガンビ）46
ワンゲシ，ロイス　Wangeci, Lois　110–1
ワンゴイ，セーラ　Wangũi, Serah　110–1
ワンジコ，カレン　Wanjikũ, Karen　86
ワンジコ・ワ・ロレンゴ　Wanjikũ wa Rũrĩng'ũ（通称ママ・カメンディ）150, 158, 163
ワンジャ・ワ・ドーニョ　Wanja wa Ndũnyũ（ワンボイの祖父モニュアの第1夫人）51
ワンジョーヒ・ワ・モンガーオ　Wanjohi wa Mũng'aũ　163
ワンジル・ワ・ゲテイ　Wanjirũ wa Gĩtei　87
ワンバー，ジョージ・ワイヤキ　Wambaa, George Waiyaki　123
ワンバー，モシュギア　Wambaa, Mũcugia（ワンボイの叔父）76
ワンボイ・ワ・ゴゲ（グギ）　Wambũi wa Ngũgĩ（別名ガクニア Gakunia）163

③地名・場所

あ行

アップランド　Uplands　89
アルヴィ・ハウス　Alvi House（「ケニア労働連盟」の本部が設置されていた建物）　105-6, 112, 132, 135
アレゴ　Alego　131
イスリー　Eastleigh　82-3, 160
インダストリアル・エリア　Industrial Area　134
ウアシン・ギシュ県　Uashin Gishu District　187
ウガンダ（鉄道）　Uganda　38, 41, 44, 111, 136
ウードリー・シティ・カウンシル・ハウス　Woodley City Council Houses　130
エルゴン　Elgon　130
エルドレット　Eldoret　130, 187
エンバカシ　Embakasi（キャンプ）　100, 163
エンブ　Embu　175
オゼーロ　Ũthĩrũ　142
オルチョロ/オニョレ　Olchoro/Onyore　33
オレングルオネ　Olenguruone（マアサイランドにある場所の名称）　181

か行

ガイトゥンベ　Gaitumbĩ　72-3, 75
ガヴァメント・ハウス　Government House→総督官邸
カジアード県　Kajiado District　33
ガタグレーティ　Gataguriti（現在のダゴレッティ　Dagoretti）　39
ガタンガ　Gatanga　87
カハワ　Kahawa　77, 84
カベテ　Kabete　35-6, 57
カペングリア　Kapenguria（ケニヤッタの裁判が行なわれた場所）　113, 132
ガラ・ロード　Ngara Road　138
カラティナ　Karatina　187
カレン　Karen　130, 190, 196
カレンジンランド　Kalenjinland　33
カロレニ（ホール）　Kaloleni Hall　94
カロレニ団地　Kaloleni Estate　111, 116
カンダラ　Kandara　85-7
キヴリ・ハウス　Kivuli House（労働組合の拠点として使用されていた建物）　88, 105
キクユ　Kikuyu　38-41, 55, 67, 78, 136, 141, 142, 157
キクユランド　Kikuyuland　29, 32-4, 36-8, 44, 70
キジャベ　Kijabe　89
キスム　Kisumu　194, 200, 202, 236

キタレ　Kitale　130
キブウェズィ　Kibwezi　36, 42–4, 46, 197
キベラ　Kibera　81, 163
ギルギル　Gilgil　84
グア・ゲシャム　Gwa Gĩcamu　38
ケアモゾンゴ　Kĩamũthũngũ（→ガタグレーティ）　39
ケアロ・ケモエ　Kĩaro Kĩmwe（現在ヒルトン・ホテルが建っているところ）　116, 119
ケアワイレラ　Kĩawairĩra（→ゲゾンゴリ）　64, 70
ケアワリオア　Kĩawariũa　39
ケアンブー（キアンブ）　Kĩambu　21, 44, 56, 58, 93, 100, 136, 147–8, 159, 168, 191
ゲゼーガ　Gĩthĩga　138
ゲゾンゴリ　Gĩthũngũri　64, 96, 101, 147, 153, 157
ゲーダ　Ng'enda　35
ケノー　Kĩnoo　75–6, 79
ケハロ川　Kĩharũ River　62–3, 77
ケビーショイ　Kĩbicoi　35
ケフンブ＝イネ　Kĩhunbu-inĩ　86–7
ケルアラ　Kĩrwara　85, 87
ケリチョ　Kericho　33
コージャ・モスク　Khoja Mosque　91
コースト州　Coast Province　181
ゴング・ヒル　Ngong Hills　33, 192

さ行

サイゲリ　Saigeri　33
ザレ　Thare　32–3, 35
シェラ　Shella（ラム島にある町）　164–5, 167–8, 170
ジョゴー・ロード　Jogoo Road（現在のオファファ　Ofafa）　126
シロナ・ハウス　Sirona House　183–4
ズィカ　Thika　32, 85, 186–7
ズィワニ団地　Ziwani Estate　140–1
ゼタ川　Theta River　35
セントラル州　Central Province　20, 28, 44, 58, 100, 150, 164
ゾゴト（トゴト）　Thogoto　49, 54–5, 60, 78, 142

た行

ダゴレッティ　Dagoretti　39, 41, 142, 198
ディナーズ・バー　Dinaz Bar　83
ドゥルルモ・ヤ・ヒンガ　Ndururumo ya Hinga（ヒンガの滝）　35
ドル・ドル　Dol-Dol　33
ドンホルム・ロード　Donholm Road　83

な行
ナイヴァシャ Naivasha 55, 89-90
ナイロビ Nairobi 21, 80-1, 85, 87-8, 91, 93, 100, 104, 111, 119, 122, 127, 129-31, 133, 137-9, 144, 147-50, 164-70, 175, 180-1, 183-4, 187, 199, 200, 208, 211, 214, 218, 223, 238
ナイロビ・サウス Nairobi South 183
ナイロビ・シティ・カウンシル団地 Nairobi City Council Estate（植民地政府が「かなとこ作戦」後にアフリカ人のために造成した団地） 182
ナクル Nakuru 130
ナチュ・バー Nachu Bar 147
ニエリ県 Nyeri District 51, 175-6
ニュー・スタンリー・ホテル New Stanley Hotel 127-8
ニャミラ Nyamila（ケニア西部キスム近郊．SM の実家がある場所） 194, 197, 200, 240
ニャンザ州 Nyanza Province 130-1
ニャンダルア Nyandarua 32, 85
ノーフォーク・ホテル Norfolk Hotel 88-9
は行
バハティ Bahati 82, 163
パンガニ Pangani 159
バーマ・マーケット Burma Market 83
ヒンガの滝 Hinga Falls（ドゥルルモ・ヤ・ヒンガ Ndururumo ya Hinga） 35
フォート・スミス Fort Smith（→ブギシ） 39, 41-2
ブギシ Mbugici（後のフォート・スミス Fort Smith） 39
プムワニ Pumwani（ワンボイ家の借家があった地区） 79, 111, 140-1, 163
ペトリース・イン Petleys Inn（ラム島の宿屋） 170
ホラ・キャンプ Hola Camp 181
ホワイト・ハイランド White Highland 100
ま行
マアサイランド Maasailand 33-7, 100, 181
マカダラ Makadara 81, 122, 136
マカダラ・シティ・カウンシル Makadara City Council 126
マカダラ・ホール Makadara Hall（現在ボヤ・ホールと呼ばれている） 115, 122
マコンゲニ Makongeni 187
マニャニ・キャンプ Manyani Camp 77, 100, 181
マララル Maralal 153, 157
マリンディ Malindi（沿岸部の町．19世紀に交易の拠点として栄えた） 162
マルサビット Marsabit （エチオピア国境に近い北部内陸部の砂漠地帯） 123, 181
マンダ島 Manda Island（ラム島に隣接する沿岸部の小島） 123
南キナンゴップ South Kinangop（現在のニャンダルア） 29, 32
モコイ Mũkũi 35, 56

モーゴーガ　Mũgũga　78, 80, 89, 191
モザイガ　Mũthaiga（パンガニ近くの高級住宅地）　130, 188, 191
モゼーガ　Mũthĩga（著者ワンボイの実家のある場所．キクユの近郊）　39, 61, 86, 88-9, 142, 191
モランガ（ムランガ）　Mũranga　161, 163
モンバサ　Mombasa　41
や行
ヤッタ　Yatta　97, 100
ら行
ライキピア県　Laikipia District　33
ラジブ・マンズィル・ビル　Rajib Manzil Building　182-3, 188
ラム島　Lamu Island（沿岸部の小島）　93, 113, 123, 159, 161-4, 167-71, 175-6, 179-81, 183, 196
ランガタ　Lang'ata　130, 163, 173, 203
ランガタ・キャンプ　Lang'ata Camp（ダゴレッティの南東に位置）　77, 100, 173
リフトヴァレー州　Rift Valley Province　58, 90, 100, 150, 164, 175
リムル　Limuru　55, 191
リルタ・ロード　Riruta Road　142
リロニ　Rironi　191
ルムルティ　Rumuruti　33
ロイロ　Rũirũ　82, 85
ローンギリ　Rũngiri　191
ロードワ（ロドワール）　Lodwar　115, 123
わ行
ワイザカ　Waithaka　76, 103, 142-3, 176

④各種組織・行政機関

あ行
アジア人会議　Asian Congress　108
アライアンス高校　Alliance High School　46, 57
か行
会議党　Congress Party　108
カシプル・カボンド議会　Parliament for Kasipul Kabondo　148
カーター・コミッション　Carter Commission（→ケニア土地委員会）　50
カメテ刑務所　Kamĩtĩ Prison　113, 163, 173
カレンガ教会　Karĩng'a Church（カレンガはゲコヨ語で「純粋」の意）　63-4
ガール・ガイド運動　Girl Guide movement　72
キクユ中央協会　Kikuyu Central Association（KCA）　24, 99, 164
キクユ福祉協会　Kikuyu Welfare Association　110

ケアンブー女性教育協会　Kĩambu Women's Education Society　110
ケニア・アフリカ人同盟　Kenya African Union（KAU）　24, 99, 100, 155, 157, 164
ケニア・アフリカ人民主同盟　Kenya African Democratic Union（KADU）　149-50, 152-3
ケニア・アフリカ人民族同盟　Kenya African National Union（KANU）　18, 25, 148-50, 152-3, 157, 196
ケニア議会　Kenya Parliament　152, 159
ケニア教員養成学校　Kenya Teachers' College　64
ケニア土地委員会　Kenya Land Commission（→カーター・コミッション）　49, 50, 58
ケニア土地解放軍　Kenya Land Freedom Army（→ケアマ・ケア・モインゲ）　150, 152, 157, 159, 163
ケニア土地と解放党　Kenya Land and Freedom Party　152, 159
ケニア労働連盟　Kenya Federation of Labour（KFL）　105, 108

さ行

ジム・クロウ・アクション・グループ　Jim Crow Action Group　111, 127, 129, 155
女性ギルド　Women's Guild　46
スコットランド宣教教会　Church of Scotland Mission　46-7, 49, 57, 60, 156
スペシャル・ブランチ　Special Branch（警察の情報機関．現在その跡地にケニヤッタ・カンファレンス・センターが建っている）　135, 159, 181-2, 184, 186
総督官邸　Government House（現在の大統領官邸 State House）　81, 87-8
ゾゴト宣教所　Thogoto Mission　47, 55, 78
ゾゴト・ミッション・スクール　Thogoto Mission School　54

た行

タンガニーカ女性連盟　United Women of Tanganyika（UWT＝Umoja wa Wanawake wa Tanganyika）　151
チャーチ宣教師協会　Church Missionary Society（CMS）　46
帝国イギリス東アフリカ会社　Imperial British East Africa Company（IBEAC）（1888年に創設されたイギリスの植民地特許会社）　16, 20, 38-41, 44, 57-8
テンゲル・カレッジ　Tengeru College（タンザニアのアルーシャ近郊にあった高等教育機関）　67, 150
独立教会　independent church（白人宣教団たもとをわかったアフリカ人主導の教会）　63
独立学校　independent school（カレンガ教会系と独立教会系があり，1950年代に200校を数えたが，マウマウとの関連を疑われて，ほとんどが閉校になった）　63
トーチ教会　Church of Torch　46, 50

な行

ナイロビ刑務所　Nairobi Prison　134
ナイロビ人民会議党　Nairobi People's Convention Party（NPCP）109, 110, 118, 122-3, 126-7, 130-1, 136, 143-4, 146, 164, 180

ニャンザ県協会　Nyanza District Association　110
は行
東アフリカ協会　East African Association（EAA）　23
犯罪捜査局　Criminal Investigation Division（C. I. D.）　79, 132
ハンター記念病院　Hunter Memorial Hospital　46
フォート・ホール県協会　Fort Hall District Association　110
プレスビテリアン（長老派）　Presbyterian（→ケフモ）　46, 94
ホノ教会　Hono Church　197
ポリス・エアウィングス　Police Airwings（囚人を運ぶ警察の部署）　160
ま行
マウマウ・ガールスカウト　Mau Mau Girl Scout　85
マセノ・スクール　Maseno School　197
マンベレ　Mambere（スコットランド宣教教会によって設立された女学校.「前進」の意味）　46, 55, 66-9
ムサンブワ教　Dini ya Msambwa（ケニア西部の宗教）　163
ら行
立法評議会　Legislative Council（植民地下の立法機関. 独立後, 議会に移行）　24, 104, 108, 125, 144, 149, 154-5
リフトヴァレー政府　Rift Valley Government　152, 159
ルオ・スリフト・トレーディング・コーポレーション　Luo Thrift Trading Corporation　109, 154

⑤民族語（説明のない場合はゲコヨ語）の用語・クラン名・リネージ名

あ行
アシェーラ・クラン　Aceera Clan（ワンボイが所属するゲコヨのクラン名）　30, 33, 35, 201
アロメ・イキア　Arũme Ikia（「人が押す」. ゲショロの車のニックネーム）　147
アンボイ・クラン　Ambũi clan（初代大統領ケニヤッタ所属のクラン）　30, 45, 51
イライキピアク　Ilaikipiak（マアサイのクラン名）　32-3
ウミラ・カゲル・クラン　Umira Kager Clan（SMが所属するルオのクラン）　200, 214, 231, 233
オラズィ　Ũrathi（予言の意味）　64
か行
ガイ　Ngai（ケニア山の頂上に住むとゲコヨ人が信じている神）　56, 63, 64
カエ・オケレ・ヒンガ・エ　Kaĩ ũkĩrĩ Hinga-ĩ（「あなたはずる賢いやつだ」というゲコヨ語のフレーズ）　34
カプティエイ　Kaputiei（マアサイのリネージ）　29, 35
カプティエイ・レモタカ　Kaputiei Lemotaka（マアサイのクラン名）　32-3
カミューナ　kamiuna（「communal」の意味）　178

ギゲ　Ngigĩ（「イナゴ」の意味．年齢集団の名称）　51, 57
グオ・ヤ・ニィナ　Nguo ya Nyina（ワンボイの曾祖父が所属していた年齢集団の名称）　35
ケアガヌ　Kĩaganu（「なまいき」といった意味）　65, 71
ケアマ・ケア・モインゲ　Kĩama Kĩa Mũingĩ（「ケニア土地解放軍」）　150, 152, 157, 159
ゲコヨ（ギクユ）　Gĩkũyũ（ゲコヨ民族の神話に登場する男性始祖）　56, 74
ゲザナ　gĩthana（牛の初乳）　61
ゲシェーリ・クラン　Gĩceeri Clan　201
ゲティーロ　gĩtiiro（キクユ社会の伝統的なダンスの名称）　69, 202
ケノー・リネージ　Mbari ya Kĩnoo（ワンボイの祖父を毒殺したと思われる一族）　47, 176
ケフモ　Kĩhumo（ワンボイ一族が建てたプレスビテリアン教会の名称．「はじまり」の意）　46
ケレーゴ　kĩrĩĩgũ（複数形イレーゴ，割礼していない少女）　64
ケレラ　kĩrĩra（「文化」の意味）　64
ケレレ　kĩrĩrĩ（「寄宿舎」の意味）　64
ケアロ・ケモエ　Kĩaro Kĩmwe（「ひとつのトイレット」の意味）　116, 119
ケンド　kĩndũ（マウマウの宣誓の一段階）　76
ゴティニア・ケアンデ　gũtinia kĩande（ゲコヨ語で「絆を切る」の意味．グラリオ ngurario，もしくはゴクンディオ・オショロ gũkundio ũcũrũ とも）　228
ゴマ・ナ・モロ　Ngoma na Muro（ワンボイの曾祖父が追放された時の年齢集団）　41
さ行
ザーイ・ザーザイヤ・ガイ・ザーイ　Thai thaathaiya Ngai thai（神に奉げる祈り）　64
ジェゲ　Njege（年齢集団の名称）　57
ジャヘ　njahĩ（フジマメ）　199
ジョゴ　njũgũ（ササゲ）　199
な行
ニィナ・ワ・アンド　“Nyina wa Andũ”（「人びとの母」）　76
ニャメニ　Nyameni　61
ニョト　Nyũtũ（年齢集団の名称）　57
ヌズィ　Nuthi（年齢集団の名称，ドゥトゥ Ndutu とも呼ばれる）　51
は行
バトーニ　mbatũni（マウマウの宣誓の一段階）　76
バレ　Mbarĩ（→リネージ）　17, 30
ヒンガ　Mbarĩ ya Hinga（ヒンガ・リネージ）　33, 49, 50
ブウ　Mbarĩ ya Mboo（ブウ・リネージ）　30, 51
ま行
マジンボ　majimbo（連邦）　149
マジンボイズム　majimboism（連邦主義）　149

ムウォンボコ　mwomboko（ゲコヨのダンス・解放歌）　122, 155
メグアーテ　mĩgwate（捕虜）　100
メコヨ　mĩkũyũ（「いちじくの木」. 民族名ゲコヨの語源）　56
メテゴ　mĩtego（キクユ式柔道）　65
モグモ　Mũgumo（聖木）　64
モコリノ　Mũkũrinũ（信仰集団）　78, 100
モゴンダ　mũgũnda（家庭菜園の意味）　70
モザマキ　mũthamaki（「王」または「支配者」の意味）　36, 38, 57
モゼレゴ　mũthĩrĩgũ（嘲りの歌）　64
モトゥリ　Mbarĩ ya Mũturi（モトゥリ・リネージ）　33
モトンゴ　mũtũngũ（年齢集団の名称.「天然痘」の意味）　46
モヘレガ　mũhĩrĩga（→クラン）　16, 32
モンビ　Mũmbi（ゲコヨ民族の神話に登場する女性始祖）　30, 56, 74

ら行

ローエ・ロティウマガ・モカロ　Rũĩ rũtiumaga mũkaro（「川は水路から離れない」の意味）　44
ロクァーロ　rũkwaro（マウマウの宣誓の際に使用された山羊皮）　73

わ行

ワイヤキ　Mbarĩ ya Waiyaki（ワイヤキ・リネージ）　33, 60

ゲコヨ（キクユ）語と日本語表記対照表

ba	バ	be	ベ	bi	ビ	bĩ	ベ	bo	ボ	bu	ブ	bũ	ボ
mba	バ	mbe	ベ	mbi	ビ	mbĩ	ベ	mbo	ボ	mbu	ブ	mbũ	ボ
ca	シャ	ce	シェ	ci	シ	cĩ	シェ	co	ショ	cu	シュ	cũ	ショ
nda	ダ	nde	デ	ndi	ディ	ndĩ	デ	ndo	ド	ndu	ドゥ	ndũ	ド
ga	ガ	ge	ゲ	gi	ギ	gĩ	ゲ	go	ゴ	gu	グ	gũ	ゴ
nga	ガ	nge	ゲ	ngi	ギ	ngĩ	ゲ	ngo	ゴ	ngu	グ	ngũ	ゴ
ng'a	ガ	ng'e	ゲ	ng'i	ギ	ng'ĩ	ゲ	ng'o	ゴ	ng'u	グ	ng'ũ	ゴ
ha	ハ	he	ヘ	hi	ヒ	hĩ	ヘ	ho	ホ	hu	フ	hũ	ホ
nja	ジャ	nje	ジェ	nji	ジ	njĩ	ジェ	njo	ジョ	nju	ジュ	njũ	ジョ
ka	カ	ke	ケ	ki	キ	kĩ	ケ	ko	コ	ku	ク	kũ	コ
ma	マ	me	メ	mi	ミ	mĩ	メ	mo	モ	mu	ム	mũ	モ
na	ナ	ne	ネ	ni	ニ	nĩ	ネ	no	ノ	nu	ヌ	nũ	ノ
ra	ラ	re	レ	ri	リ	rĩ	レ	ro	ロ	ru	ル	rũ	ロ
ta	タ	te	テ	ti	ティ	tĩ	テ	to	ト	tu	トゥ	tũ	ト
tha	ザ	the	ゼ	thi	ズィ	thĩ	ゼ	tho	ゾ	thu	ズ	thũ	ゾ
wa	ワ	we	ウェ	wi	ウィ	wĩ	ウェ	wo	ウォ	wu	ウ	wũ	ウォ
ya	ヤ	ye	イェ	yi	イィ	yĩ	イェ	yo	イョ	yu	イュ	yũ	イョ
nya	ニャ	nye	ニェ	nyi	ニィ	nyĩ	ニェ	nyo	ニョ	nyu	ニュ	nyũ	ニョ

・ゲコヨ語には、母音が７（a e i ĩ o u ũ)、子音が18ある。日本語にない母音は「ĩ」と「ũ」。「ĩ」は「e」より重い「エ」、「ũ」は「o」より重い「オ」であるが、日本語表記では区別しなかった。子音については、「b」は「ヴ」に近い音で、「mb」は「ブ」にちかい音であるが表記上は区別せずに「ブ」に統一した。「g」は鼻音の「ガ」、「ng」は濁音の「ガ」、「ng'」は強い鼻音の「ガ」であるが表記はいずれも「ガ」にした。ローマ字表記の原綴りについては索引を参照されたい。

・７母音は、1949年にケニア総督の勅令によって認定された。背後には、チャーチ宣教師教会（CMS）のケニア布教50周年記念に改訂されたゲコヨ（キクユ）語聖書の表記の影響があったとされている。それ以前は、a e i o uの５母音表記であった（Vittorio Merlo Pick, *Ndaĩ na Gĩcandĩ: Kikuyu Enigmas* E. M. I., Bologna, Italy, 1973, p. 18)。

行政区とその行政長の職名

マウマウ期（1952年～）		独立後	
村	Village Headman（村長）	村	Sub-location Sub chief（村長）
地区	Location Chief（首長）	地区	Location Chief（首長）
郡	Division District Officer（県長官）	郡	Division District Officer（県長官）
県	District District Commissioner（県弁務官）	県	District District Commissioner（県弁務官）
州	Province Provincial Commissioner（州弁務官）	州	Province Provincial Commissioner（州弁務官）
植民地	Colony Governor（総督）	共和国	Republic President（大統領）
帝国	Empire The Queen（女王）		

なお、Chiefは伝統的な首長ではなく、植民地政府によって任命された行政首長であり、ChiefⅢ―ChiefⅡ―ChiefⅠ―Senior Chief―Paramount Chiefの等級があった。同じく、District Officer（DO）にも、DOⅢ―DOⅡ―DOⅠ―Senior DOの等級があった。

本書関連年譜

1885年－1895年	「帝国イギリス東アフリカ会社」(IBEAC) による東アフリカ内陸部の統治。
1890年	ワイヤキ・ワ・ヒンガ (ワンボイの曾祖父) とルガード、ガタグレーティにおいて同盟関係を締結。
1892年8月14日	ワイヤキの兵士、IBEAC のポーターを攻撃。
1892年8月16－17日	ワイヤキの逮捕・裁判・沿岸部への追放。
1892年9月6日	ワイヤキ殺害される。
1895年	イギリス政府、IBEAC よりケニア統治を引き継ぐ。
1915年－1919年	第一次世界大戦の戦力として大勢のアフリカ人の徴兵。
1921年	「東アフリカ協会」(EAA)、政府の労働・課税・教育政策に抗議。
1922年	EAA の非合法化とハリー・ズクの逮捕・追放。
1925年	「キクユ中央協会」(KCA) の設立
1928年－1934年	「割礼論争」。独立教会と独立学校の創設。
1931年2月20日	シルヴァノ・メレア・オティエノ (ワンボイの夫。SM) 誕生。
1936年6月21日	ヴァージニア・エディス・ワンボイ・ワイヤキ誕生。
1940年	KCA の非合法化。
1944年－1945年	「ケニア・アフリカ人同盟」(KAU) の創設。
1948年－1950年	イギリスによるマウマウの宣誓についての報道。
1952年10月20日	国家非常事態宣言。ケニヤッタと187名の活動家の逮捕。
1954年4月23日	「かなとこ作戦」による大量逮捕。
1954年	イギリスによる対マウマウ作戦の一部としての集村化計画。
1954年	ワンボイ、ナイロビの解放闘争に参加。
1955年	ワンボイの逮捕・尋問・釈放。
1955年－1957年	労働組合運動、マウマウと共闘。
1956年	過激なマウマウ闘争の終焉。デーダン・ケマージの逮捕。
1958年	「ナイロビ人民会議党」(NPCP)、政党として登録。
1958年	アフリカ人、初めて立法評議会に選出。
1959年	ホラ・キャンプの虐殺。この事件により拘留制度 (detention system) 終了。
1959年	ワンボイ、移動制限令 (restriction orders) 下に置かれる。
1960年1月	「ケニア・アフリカ人民族同盟」(KANU) の結成。ワンボイ、ナイロビ女性局長に選出。
1960年2月－7月	ワンボイ、タンガニーカで勉学。
1960年7月8日	公共保全 (移動制限) 条令1960 L.M. 313、「土地解放軍」やその他

	の政治組織を非合法化。
1960年7月	ワンボイ、タンガニーカから帰国後ただちに逮捕、ラム島にて拘禁。
1961年1月23日	ワンボイ、釈放されナイロビに戻る。
1961年6月	ケニア、自治政府樹立。
1963年8月17日	ワンボイ、S・M・オティエノと結婚。
1963年12月	ケニア独立。ジョモ・ケニヤッタ初代大統領に就任。
1967年	ワンボイ、KANUのランガタ副支部の副委員長に選出される。同時にKANUカレン選挙区支部の書記にも任命される。
1969年	ワンボイ、総選挙に出馬して敗退。
1970年－1985年	ワンボイ、ケニアの女性運動で活躍。
1978年10月5日	ジャイロ・オウゴ・オユギ（SMの父親）死去。
1978年11月	ジョモ・ケニヤッタ死去。ダニエル・アラップ・モイ、第2代大統領に就任。
1979年末	ワンボイ、マエンデレオ・ハンドクラフト共同組合の委員長に選出される。1986年辞任。
1986年12月20日	S・M・オティエノ死去。
1986年12月26日	SM埋葬論争の開始。
1986年12月30日	一審の判決―ワンボイの勝訴。
1987年1月5日	二審の判決―ワンボイの勝訴。
1987年2月13日	高裁の判決―ナイロビ民事訴訟No.4873：1986年―ワンボイの敗訴。
1987年5月15日	控訴審の最終判決―埋葬権はSMの弟ジョアシュ・オチエングに。
1987年5月23日	S・M・オティエノ、ジョアシュ・オチエングにより埋葬される。
1992年	総選挙。選挙違反・暴力・人権侵害の疑惑の中でKANU勝利。
1997年	総選挙。選挙違反・暴力・人権侵害の疑惑の中でKANU勝利。
2002年	大統領選挙で「国民虹の連合」(National Rainbow Coalition-Kenya：NARC）の候補者キバキ当選。

〈訳者略歴〉

富永智津子（とみなが ちづこ）

1942年　三重県に生まれる
　東京女子大学文理学部史学科卒業，津田塾大学大学院国際関係学研究科修士課程修了，東京大学大学院社会学研究科国際関係論博士課程単位取得退学

現　在　宮城学院女子大学教授

専　攻　東アフリカ現代史

著　書　『ザンジバルの笛—東アフリカ・スワヒリ世界の歴史と文化—』（未來社，2001）

訳　書　『アフリカの女性史—ケニア独立闘争とキクユ社会—』（未來社，1999），『アフリカ史再考—女性・ジェンダーの視点から—』（未來社，2004）

編　書　『新しいアフリカ史像を求めて—女性・ジェンダー・フェミニズム—』（永原陽子と共編）（御茶の水書房，2006）

ワンボイ・ワイヤキ・オティエノ著／コーラ・アン・プレスリー編集・序文
マウマウの娘——あるケニア人女性の回想

2007年5月15日　初版第1刷発行

定価（本体2600円＋税）

訳　者　富永智津子
発行者　西谷能英
発行所　株式会社　未來社

〒112-0002　東京都文京区小石川3-7-2
電話・代表(03)3814-5521／振替00170-3-87385
http://www.miraisha.co.jp/　E-mail:info@miraisha.co.jp

印刷＝スキルプリネット／装本印刷＝形成社／製本＝榎本製本
ISBN978-4-624-10044-5　C0022

表示の価格に消費税が加わります。

バーガー、ホワイト著／富永智津子訳 二八〇〇円
アフリカ史再考
〔女性・ジェンダーの視点から〕古代から現代までのアフリカ史を、女性・ジェンダーに視点をあてた研究の検証を通して再構築。新しい時代の要請に応える歴史研究の道を拓く。

富永智津子著 二二〇〇円
ザンジバルの笛
〔東アフリカ・スワヒリ世界の歴史と文化〕インド洋の小島ザンジバルに伝わる俗謡の謎を追い、アフリカ内陸・アラビア半島・インドへと旅し、スワヒリ世界の歴史と文化を描く。

ジョセフ著／片平久子訳 一五〇〇円
明日の太陽――女性の闘い
〔南アフリカにおける人種差別と抑圧〕白人政権による非白人への苛酷な迫害が強行されている南アフリカで、アフリカ人と共に人間の権利と自由を求めて闘う一白人女性の記録。

サーダウィ著／村上眞弓訳 三八〇〇円
イヴの隠れた顔
〔アラブ世界の女たち〕アラブ世界で今なおとり行われる割礼などの野蛮な風習から、女性に対する政治・経済・文化的抑圧を抉り出し女性の解放と自由を執拗に問う苛烈なる論考。

マラ・セン著／鳥居千代香訳 二二〇〇円
インド盗賊の女王プーラン・デヴィの真実
20世紀の伝説〝プーラン・デヴィ神話〟はなぜ生まれたのか。インド出身の女性ジャーナリストが、数々の伝説に彩られた「盗賊の女王」の実像に迫る。一〇年をかけての伝記の決定版！

マーク シー著／藤永康政訳 二八〇〇円
モハメド・アリとその時代
〔グローバル・ヒーローの肖像〕圧倒的な強さを誇り、過激な発言で物議をかもした不世出のボクサーの最盛期を描きつつ、六〇年代アメリカを風靡した抵抗の精神をいまに蘇らせる。

デュボイス著／木島・鮫島・黄訳 三五〇〇円
黒人のたましい
アメリカ黒人解放運動指導者で文学者の古典的名著の完訳。原書は一九〇三年刊行。差別撤廃、解放をめざす黒人の魂のたたかいを一四編のエッセイとスケッチで詩情豊かに描く。

村松安子著 三八〇〇円
「ジェンダーと開発」論の形成と展開
〔経済学のジェンダー化への試み〕真の人間開発実現のために経済学・経済政策にジェンダー視点の導入が必須であることを論究。導入点として「ジェンダー予算」の分析を提示。